5日で学べて一生使える！

プレゼンの教科書

小川仁志 Ogawa Hitoshi

★──ちくまプリマー新書
325

イラスト・図表　宇田川由美子

目次 * Contents

第Ⅱ部　プレゼンの基本テクニック

はじめに　プレゼンで成績が決まる!?

みなさんはプレゼンというと、どのようなものを思い浮かべるでしょうか？　ワクワクするようなスティーブ・ジョブズのビジネスプレゼン、アイデア溢《あふ》れるＴＥＤのスピーチ、マイケル・サンデル教授のハーバード白熱教室、あるいは世界中から注目を浴びるアメリカ大統領の就任演説……。

どれも目的や内容はまったく異なりますが、熱く、魂を込めて語る姿に心を揺さぶられますよね。あんなふうに人の心をつかみ、感動を与え、そして人の生き方に影響を与えるようなプレゼンをしてみたい。そんなふうに胸の奥で感じたことがある人は、少なくないのではないでしょうか。

とはいえ、そうしたすごい演説を思い浮かべると、自分とは縁遠いと思う人もいるかもしれません。でも、じつはこれから皆さんが生きていくうえで、プレゼンは避けては通れないものなのです。

私も昔は自分がプレゼンをするなんて思ってもみませんでしたが、かっこいいプレゼンに憧れて、先ほどのマイケル・サンデル教授をお手本に研究したり、失敗と成功をくりかえしたりなどして、必死に学んできました。ぜひそのノウハウを皆さんにお伝えしていきます。

今書店に行くと、たくさんのプレゼンにかんする本を目にすることと思います。プレゼンとはもちろんプレゼンテーションの略なのですが、ビジネスの世界ではプレゼンと呼んでいます。そして毎日のようにビジネスパーソンはこのプレゼンを行っているのです。

なぜなら、仕事というのは自分の企画を社内外の人たちに理解してもらってはじめて、前に進めていけるものだからです。したがって、何かやりたいのであれば、まずは自分の所属する部署のなかでプレゼンをして理解を得、最終的には経営側にゴーサインをもらう必要があるわけです。

そして外部にビジネスパートナーやお客さんがいれば、次はそういった人たちにも企画を理解してもらわなければなりません。そこでまたプレゼンをすることになるわけです。当然のことながら、社内の人に向けてするプレゼンと、外部の人に向けてするプレゼンは変わってきます。したがって、毎回頭をひねってプレゼンを変えていく必要があるのです。海外の人に向けて行うプレゼンなら、言葉や文化の違いを踏まえて、さらに頭をひねる必要があるでしょう。

このように、仕事では毎日のようにプレゼンがくりかえされます。したがって、大学のうちにプレゼンの基本をマスターしておくと、その後の人生において大きな強みになるのです。実際、いまの大学では、プレゼンを行う機会がどんどん増えています。大学は職業訓練学校ではありませんが、かといってまったく社会とは関係ないことばかりする場所でもないのです。大学を出た後のことを考えて、社会で活躍できる人材を育てることも大学の使命だからです。

社会でプレゼンが重視されているなら、大学でもそれを重視することになります。実際、私が大学生の頃には考えられなかったのですが、今は授業のなかにプレゼンが組込まれています。私の勤める大学でも、まずアカデミックスキルの一つとして、入学したての一年生を対象に、レポートの書き方と合わせてプレゼンの仕方を教えます。さらに、効果的なプレゼンをするための授業もあります。大学院でも学会発表などを意識して、やはりプレゼンを教えています。私の場合、大学一年生向けの「基礎セミナー」と、大学院生向けの「プレゼンテーション特論」のなかでプレゼンを教えています。

このように、今やプレゼンは大学生の基本的な作法として常識になりつつあるのです。プレゼンがうまくできないと、いい成績がもらえないといっても過言ではありません。これは脅しでも大げさな話でもなんでもなくて、事実です。というのも、授業によっては、レポートや試験の代わりに、プレゼンで評価するというものも増えてきているからです。仕事の世界では、プレゼンのみで企画の採否が決まることだってあるのですから、決して不合理なやり方とはいえないでしょう。

そうなるともう大学生向けにプレゼンの仕方を指南する本が求められるわけですが、残念なことに、まだあまり刊行されていません。おそらくこれから増えていくとは思いますが。今あるのは、ビジネスやその他一般的なシーンにおけるプレゼンを指南する本ばかりです。

でも、大学生がやるプレゼンは、またすこし違う部分もあります。そこで、本書では、どんなシーンでも使える話に加えて、大学生特有の状況も考慮に入れながら、大学生が使えるプレゼンマニュアルをご紹介したいと思っています。全体は五つの章で構成されていますので、一日一章ずつ読んでもらえば、最短五日間でプレゼンの基礎を学ぶことができるはずです。さあ、それでは始めましょう！

第I部

プレゼンの本質

第1章　プレゼンというものを理解する

1　大学生にとってプレゼンがいかに大切か

学んだことを発表する──「調読書発」

プレゼンがいかに大事かということについては、すでに「はじめに」でも書いた通りです。しかし、ここで再度大学生にとってプレゼンとは何かということについて、もうすこし詳しくお話ししておきたいと思います。

というのもそのことを理解していない大学生が私のまわりにもたくさんいますし、何より大学に入ったばかりの人や、これから大学を目指す高校生にはわかりにくいと思うからです。今はアクティブ・ラーニングや探究型学習の影響で、大学生に限らず、小学生から高校生まで、幅広い層の人たちがプレゼンをする機会が増えています。その意味

どんな種類のプレゼンがあるのか？

大学で	ゼミでの担当箇所の発表や、卒業論文の発表など
学会発表	研究者が（基本的に）同業者に向けて自分の研究成果を披露するもの
講演会	研究者などが、専門家以外を対象に研究成果を紹介するもの
ビジネス（社内向け）	企画を通したり、製品の詳細を決めたり、情報共有するためのもの
ビジネス（社外向け）	新商品を紹介したり、契約をとりつけたりするためのもの
イベント	新しいアイデアを披露し合ったり、プレゼンそのものの技術を競ったりするもの

で、この本は主に大学生をターゲットにしていますが、それにとどまらずあらゆる人に当てはまるものだと思ってください。もちろん社会人にも。

さて、大学生はいったいどのように学問を学ぶのか？　以前私は、この本の姉妹本になる『5日で学べて一生使える！ レポート・論文の教科書』（ちくまプリマー新書）のなかで、「調読書発」という表現をしたことがあります（一四ページ）。つまり、大学生はまず物事を調べ、それにかんする本を読み、考えをレポートに書き、最後に発表するということです。

最初の三つ、調査、読書、レポート作成については、先ほどの姉妹本に書いたのですが、最後の発表については、詳しく書くことができませんでした。今回、本書を書くことになった背景には、こうしたいきさつがあります。

この四つの作業は、じつは密接に結びついています。それはたんに調べることから発表することまでが一つの流れになっているという話ではなくて、最初から発表を意識してすべてを組み立てなければならないということです。あたりまえのことですが、ゴールがある限り、なんでもゴールから逆算して計画を練らなければ、最後までたどり着くことはできません。いや、正確にいうと、ゴールから逆算して計画を練ったほうが、よりうまく、より効率的にゴールに到達できるということです。

ここでいうゴールは発表、つまりプレゼンを指していますから、どういうプレゼンをするかを念頭に置きながら、調査、読書、レポートの作成をしなければならないのです。

なお、プレゼンを課す場合、レポート作成はしなくていいケースもありますが、それでもプレゼンの下地になるなんらかの文章は用意するはずです。

ここで私が強調したいのは、大学生にとってのプレゼンは、それだけが独立したパフォーマンスのようなものでは決してなく、あくまで学んだことを表現する手段としての技能であるということです。極端にいうと、プレゼンのところだけ外部から俳優を連れてきて、上手に話してもらったとしても意味がありません。自分で調査し、読書した人が、その体験をリアルに語り、全身で表現してはじめて意味があるのです。そのリアルなプロセスはプレゼンにも表れますし、質疑応答では如実にわかります。

それでもプレゼンのテクニックが大きなウェイトを占めるのは仕方ありません。俳優の例は極端ですが、うまい人がやるのに越したことはないでしょう。これはグループワークでよくあることなのですが、グループのなかでいちばんプレゼンがうまい人が一人で話すというのはざらです。そのほうが、グループ全体としては得だからです。

でも、常にそういう人がいるとは限りませんし、場合によっては自分がやらされることもあります。何より、個人単位で評価されるような場合はもう逃げ道はありません。だからすべての学生がプレゼンのスキルを高めておかなければならないのです。場合によっては、プレゼンで逆転ということも十分あり得ますから。

内容が同じレベルなら、当然プレゼンのうまい人のほうがいい評価になります。それだけでなく、なんと内容が多少見劣りしても、プレゼンがうまければ、そのほうがいい評価になることさえあるのです。そんなの不公平だといわないでくださいね。だって、プレゼンも技能のうちの一つなのですから。それに実社会ではそうやってプレゼンで逆転するということは、常識的なことでもありますから。

それほどプレゼンが重要だということです。不平をいっていても始まりません。世の中がそうなってきている以上、それに合わせない限りは、勝てないのです。野球のルールやスキルが気に入らないからといって、それを無視していても野球で活躍することはできませんよね？　残念ながら、野球とは違って、プレゼンは全大学生が参加しなければならないゲームなのです。

そのゲームのルールを一言でいうと、私は「現前性」だと思っています。急に哲学用語のような難しい言葉が出てきてびっくりされたかもしれませんが、そう、これはまさに哲学用語からとったものなのです。

早めに告白しておきますが、私の専門はプレゼンではありません。哲学なのです。プレゼンは大学生にとってレポートと同じくらいの基礎スキルですから、今はどの分野の先生でも教えられないといけません。少なくとも私はそう思っています。

とくに私の場合、これまで商社や市役所で仕事をしてきた経験に加え、メディアに出演したり、数多くの講演をしてきた経験から、わりとプレゼンが得意なほうなのです。さらに、哲学という学問は、物事の本質を探究するのが目的なので、いいたいことを伝えるプレゼンには不可欠だといっても過言ではないでしょう。

そこで、哲学的視点を随所に生かしながら議論を進めていきたいと思います。というわけで早速先ほど紹介した現前性について一言。これはもともとはフランスの哲学者ジ

〈現前性〉

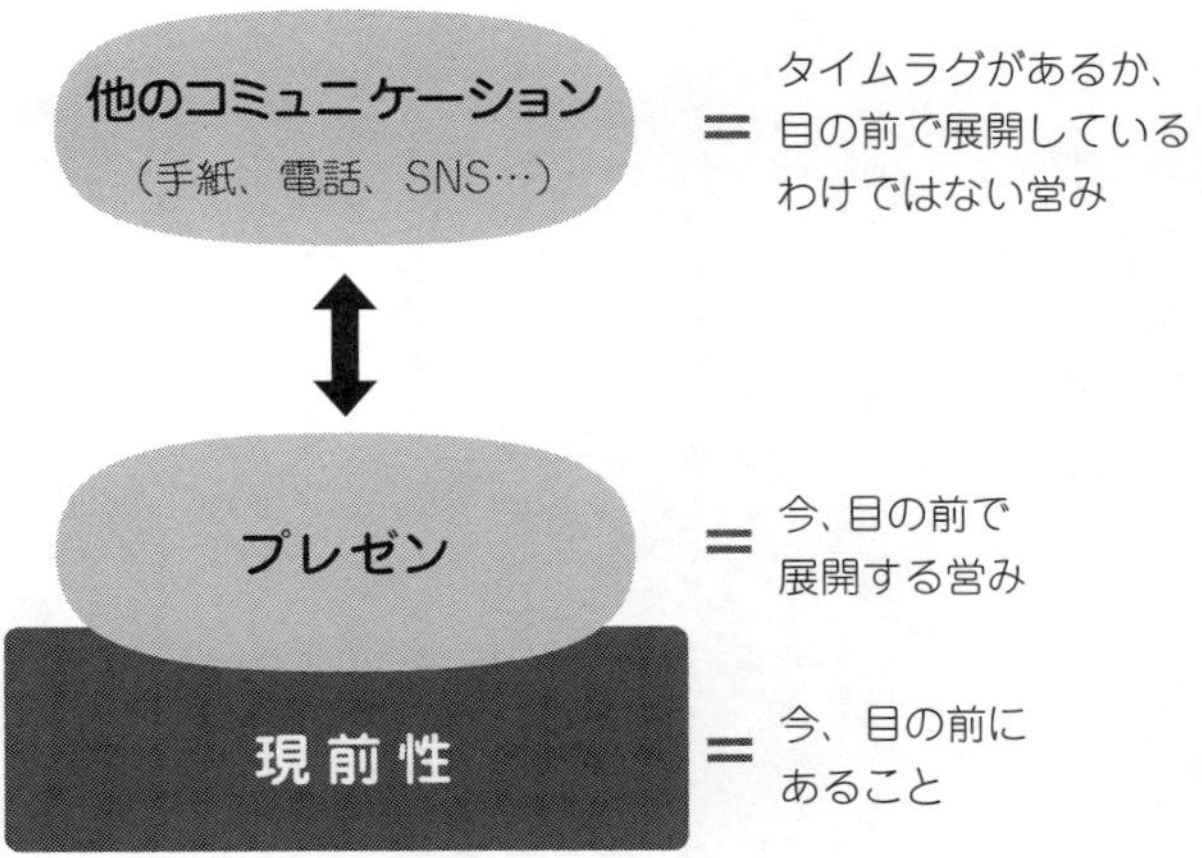

ャック・デリダが掲げた概念です。簡単にいうと、今目の前にあることという意味になります。私がこれをプレゼンの大原則であるかのように掲げるのは、プレゼンという営みが、まさに今目の前で展開する営みだからです。そここそ特徴があると思うのです。

現にプレゼンの元になっているプレゼントという英語の動詞は、提示するという意味です。提示すること、目の前でやることがプレゼンの本質だといってもいいでしょう。これは他のコミュニケーション手段と比較するとよく

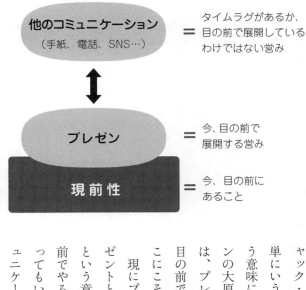

わかると思います。手紙のように書かれたものは、今目の前で伝えられているわけではありません。タイムラグがあるのです。ＳＮＳのメッセージでさえそうです。

電話は今この瞬間に言葉が伝えられているわけですが、目の前で展開してはいません。これに対して、スカイプのようにライブで映像を送って話をするという場合はプレゼンといえるかもしれません。そして人前で全身を使って思いを伝えるプレゼンは、まさに今目の前で展開している営みなのです。

だから現前性が大前提だといっているのですが、そうすることでプレゼンに関係するいろんなものが見えてくると思います。ビジュアルを重視するとか、動きが必要とか、双方向のコミュニケーションであるとかいうふうに。何をどうすればいいのか迷ったら、ぜひこの大前提に立ち返ってみてください。

レポートと同じくらい大切になってきている――グローバル時代に求められるコミュ力

ここでもう一つ別の視点から、プレゼンが大事な理由についてお話ししておきたいと思います。先ほど仕事で求められるから、そうしたスキルを高めておいたほうがいいと書きました。でも、じつはもっと大きな理由もあるのです。それは、プレゼンこそグローバル時代において求められる基本的なコミュニケーション能力だということです。

今の時代はコミュ力ということがよくいわれます。コミュ力が高いとか、逆にコミュ力がないとか、あるいはコミュニケーション障害といったことも問題になっています。つまり、それだけコミュニケーションが重要になっているということです。なぜか?

答えは簡単です。コミュニケーションしないと意思の疎通ができない時代だからです。昔はそうでもありませんでした。とくに日本においては。というのも、阿吽《あうん》の呼吸などといわれるように、日本では多くのことが暗黙の了解だったからです。それは日常のちょっとしたコンセンサスから、国家の進むべき方向まで!

今の若い人は驚くかもしれませんが、本当なのです。たとえば、会社で三つくらい案が出てきたとします。でも、話し合うまでもなく、またPRなどしてもらうまでもなく、すでに案が出てきた時点で、どれが採用されるかは決まっている。これが日本のやり方だったわけです。談合などという悪しき慣行もその延長線上にありました。要は順番とか、伝統とかで物事が決まるのです。

国家の方針についても、とにかくアメリカに追い付け追い越せが戦後の共通認識でしたから、お手本通りにやっていればよかった。そして護送船団方式などといわれるように、官僚が中心となって率いる政府の方針に従ってさえいればよかったのです。

しかし暗黙の了解といっても、それは日本社会を熟知した者同士の間では通用しますが、ひとたび海外の人が入ってくると、そういうわけにはいかなくなります。何しろ文化的背景が異なるのですから、伝統を共有しているわけでもありません。国家の方針についても、もはや先が見えなくなっている状態です。アメリカをお手本にして経済成長を追求するというモデルはすでに行き詰まっていますから。

こうした状況において、私たちはどのように意思の疎通を図っていけばいいのか。当然そうしたことが問題になってきます。社会がグローバル化して、また多様な価値観をもった人が増えてきて、そのなかでコンセンサスをとるのは至難の業になってしまったのです。

だから高いコミュニケーション能力が求められるのです。英語も含めて。あるいは議論をまとめるためのファシリテーション能力も求められています。そこで、プレゼンという話になるわけです。

このように、プレゼンが求められる背景には、高いコミュニケーション能力を養わざるを得ない社会の大きな変化があるということです。大学で知のアウトプットをするのは文章、つまりレポートと決まっていましたが、そこが崩れてきて、プレゼンが重視されるのも時代の流れなのです。その証拠に、大学の研究者の発表でさえ、プレゼンが重視されるようになっています。

昔は研究者は書いたものだけで勝負していました。あるいは口頭で発表するといっても、ただ用意してきたペーパーをうつむいてぼそぼそと読み上げていればそれでよかった。でも、今はそんなやり方は通用しません。それではまるでできない人みたいに思われてしまうからです。

だいたい、日本の研究もグローバル社会で評価されないと意味がないというふうになってきています。とするならば、誰にでもわかるように、いいプレゼンをする必要があるのはいうまでもないでしょう。しかもわかりやすい英語で。本書では、プレゼンをグローバル時代に求められるコミュニケーション能力と位置づけ、大きな視点でアドバイスしていきたいと思っています。

2 プレゼンを体験する

なんでもそうですが、まず体験してみないことにはわかりません。ここでいう体験には二つの意味があります。一つ目は人のプレゼンを聴くということです。二つ目は自分で実際にやってみるということです。

初めてのことをするときは、まずお手本に学ぶと思います。それは本で学ぶこともあるでしょうし、実際にやるのを見せてもらうということもあるでしょう。でも、それだけでは足りません。なぜなら、物事は見聞きするのと、自分がやるのとでは大違いだからです。とくにプレゼンの場合はそうです。

実際にプレゼンを聴く

まずプレゼンを聴く意義と方法についてお話ししたいと思います。先ほども書いたように、プレゼンを聴くというのは、お手本を知るということ、つまりゴールを知るという意義があります。どういうことをどのレベルでやらないといけないのか、その姿を具体的にイメージするということです。

したがって、いいお手本を選ぶ必要があります。モデルの設定についてはまた後で詳しくお話ししますが、とにかくここでは自分にあったお手本を決めて、徹底的に真似をすることをお勧めしておきます。何がいいお手本なのかという議論はあるでしょうが、それは自分が何を求めるかで変わってきます。たとえば、シリコンバレーの企業家みたいにかっこいいプレゼンをしたいとか、学会発表のようなきちっとしたプレゼンがしたいとか、あるいは予備校の名物講師みたいに心をつかむプレゼンがしたいとか。

もちろんプレゼンはＴＰＯですから、今出した三つの例それぞれにおいてプレゼンの仕方は変わってきます。それでも、自分の基本スタイルというのはあるもので、それをどこに設定するかは重要です。後は、その基本スタイルをどう崩したり、逆に堅い感じにしたりするかです。

こうしたスタイルを確立するためには、できるだけ多くの例を見たほうがいいでしょう。そのなかで自分に合ったものが見つかると思うのです。その場合、海外の人のプレゼンも見ると勉強になります。日本人よりプレゼンは圧倒的にうまいことがわかると思います。残念ながら、日本でプレゼンといい出したのは比較的最近の話です。学校でプレゼンを教えることなどありませんでした。

また、最近は英語でプレゼンをする機会も増えていますから、できれば日本語でのプレゼンのモデルと英語でのプレゼンのモデルの二つを選んで、スタイルを真似るのがいいのではないでしょうか。

ここで注意が必要なのですが、お手本から学ぶといっても、コピーする必要はまったくありませんし、それはやはりよくないでしょう。あくまでスタイルを学ぶわけです。そのうえで、自分自身のスタイルを確立していかねばならないのです。

お手本から学ぶための具体的な方法は、動画を見ることです。たとえばYouTubeなどにアップされている動画です。ＴＥＤのプレゼンなどはもう無数にありますから、いくらでもお手本を探すことができます。学会発表の動画もあります。本書一七五ページ以降でお勧めのプレゼン動画を紹介していますので、ぜひ参考にしてみてください。

私は毎晩寝る前にスマートフォンで動画を見ているのですが、そのさい必ず一つはプレゼンを見るようにしています。これは人のプレゼンの技術を習得するためであると同時に、知識を得るためでもあります。寝る前の読書のようなものです。ＴＥＤのプレゼンが典型ですが、いいプレゼンは中身も聴きごたえがあります。技術を習得しながら、同時に新しい情報や発想を知ることができるというメリットがあるのです。

もしライブでプレゼンを見る機会があれば、より参考になると思います。音楽のライブでもそうですが、YouTubeで見るより、生で見たほうが強い印象を受けるでしょう。学会発表なら簡単に参加できますし、TEDでさえ日本でも開催されています。これは必ずしもお手本になる人のものでなくてもいいでしょう。ライブでプレゼンを体験する、体感するということ自体が大事だと思います。熱気が伝わってきて、自分もやりたいという気になるはずです。

実際にプレゼンをしてみる

徹底的に真似をした後は、自分で実際にプレゼンをしてみることです。これは練習ということではなくて、本番環境でやってみるということです。実践ですね。いくら練習でうまくできても、本番ではその半分も力を出せないのが普通です。

スポーツでもそうです。オリンピックに出場するようなトップレベルの選手でさえ、なぜか本番では力を出し切れない。音楽もそうでしょう。受験もそうかもしれません。逆に、本番に強いという人もなかにはいますが、いずれにしても本番での実践は、練習とはまったく別のものなのです。

練習との違いは、実際にやってみて初めてわかります。頭ではここでジェスチャーをと思っていても、なかなかうまくできないということがあります。思ったより声が出ないことも少なくありません。それは本当にやってみないとわからないことなのです。プレゼンは全身で行う営みですから、頭だけでシミュレーションをしていても意味がありません。

身体がそれを経験する必要があるのです。海で泳いだことがない人が、あの波の動きや海水のイメージをいくら想像してみても、実際のものとは程遠いに違いありません。きっと初めて海に入ったさいにびっくりするのではないでしょうか。

本番でやってみるべき理由は、身体の問題だけではありません。もう一つは緊張を解くという点にあります。本番でうまくできないのは、緊張するからです。人間は緊張すると本来の力を出し切ることができないのです。

いったいどうすれば緊張しないようになるのか？　それは経験を積み重ねるよりほか

ないのです。もちろんテクニックもあります。後でそれについてはお話ししますが、大前提として、馴《な》れて緊張しなくなれば、基本的には問題は解決するはずです。そのためにも、できるだけたくさん本番環境でのプレゼンを経験すべきなのです。

マニュアルを読む

どういう順序で学んでいくのがいいかは人によって異なると思いますが、私がここでお勧めするのは、三番目にマニュアルを使用することです。つまり、まず見る、次に体験する、最後にマニュアルという順です。プレゼンを知るためには、プレゼンについて書かれたマニュアル本を読むのがいちばん手っ取り早いでしょう。でも、見たこともないものについて、本で勉強するというのはかなり難しいものです。

だからまず経験が先かと思った次第です。とはいえ、これらは同時並行でできると思います。まったくプレゼンを見たことがないという人も少ないでしょうし、やったことがないという人も今はそういないのではないかと思っています。プレゼンとまではいえなくても、人前で話をしたことくらいはあるでしょう。そうすると、順番的にはプレゼンを見て、体験してということは皆済んでいるのです。だからいきなりマニュアル本を読んでもらっても問題ないと思います。初めてのことといっても、ほとんどの人が体験したことのないような宇宙旅行の仕方みたいなものとは違いますから。

そしてマニュアル本を読みながらも、同時に動画でプレゼンを見たり、機会があればやってみるということをすればいいと思います。さて、マニュアル本の意義についてですが、なぜそんなものを読んでおく必要があるのか？　それは一通り知識を押さえることができるからです。「はじめに」でも書きましたが、今プレゼンは社会人だけでなく学生にとっても基本作法の一つになっています。ですから、基本作法の基本を共通認識としてもっておくべきだと思うのです。最低限のルールやマナー、そしてテクニックは知っておいたほうがいいからです。

本書を手にとってくださっている皆さんには、もうこんなことをくりかえす必要はないのですが、一通り押さえておけばそれで十分です。しかも薄いマニュアルでいいと思います。自分が読みやすいものを手元に置いておいて、一度通読した後は、プレゼンの前にざっと見直すという感じで使えばいいでしょう。基礎的なことでも、本番を前にすると忘れがちですから。チェックシートのように利用することをお勧めします。本書はその点を十分意識して書かれています。だから五日でマスターできて、かつチェックシートのようになっているのです。実際に巻末に簡単なチェックシートも用意しました。

3　スタイルを確立する

皆が同じマニュアルを読んでいたら、皆同じスタイルのプレゼンをすることになるのではないかとよく訊《き》かれます。それがそんなことはないのです。たしかに、ＴＥＤのプレゼンを見ていればわかりますが、ある程度のフォーマットが決められている場合、皆似たスタイルにはなります。でも、まったく同じにはなりようがありません。

というのも、プレゼンはその人の人格すべてを表現する行為だからです。いくらマニュアル通りやろうとしても、人格まで変えるわけにはいかないでしょう。したがって私たちがすべきなのは、自分のスタイルの確立だけです。

以下では、話し方、TPOに応じたスタイル、そしてモデルの見つけ方について順にお話ししていきたいと思います。

話し方

まずなんといっても話し方です。プレゼンは話すことがメインですから。とはいえ、アナウンサーに求められるような特別な能力がいるという話ではありません。余談ですが、私は学生時代に某局のアナウンス学校に通っていました。一時期興味があって、プロにもなりかけました。なので、何がアナウンサーに求められるものなのかはそれなりに知っています。でも、そんなものをここで要求するつもりではないのです。

私がいいたいのは、声を張るとか、ゆっくりかつはっきり話すといった単純な話です。これらはプレゼンの大前提である「現前性」を意識してもらえばわかると思います。目の前で相手に対して話しているのですから、相手にわかるようにしなければなりません。プレゼンは少なくとも教室程度の大きな会場で複数の人に対して行うことが多いので、こうした配慮が求められてくるのです。

声を張るという点では、私はよく学生に「三割増しでいこう」とアドバイスしています。普段私たちはそんなに大きな声で話していないはずです。とくに日本人は英語や中国語などの外国語に比して、口をあまり開かずに話すので、どうしても声が小さくなるのです。ちなみに英語や中国語についても、私は留学先で専門のトレーニングを受けたことがあるので、よくわかります。英語でも中国語でも、「もっと口を大きく開けて」と何度も注意されました。

では、なぜ三割なのか？　これはもう感覚の問題ですが、ちょっと大きめという意味です。応援団ではないですから、大声を張り上げる必要はありません。でも、一割というとほんのちょっとだと思ってしまって、あまり変わらないのです。だから三割くらいといっています。

これは最初の頃、学生に「もう一割上げて」「大きすぎ、一割マイナス」とかいいながら調整して得られた結果です。人は三割増しでというと、ちょうどいい感じの声の張り方になるものです。個人差があるのはいうまでもありませんが。

それでもわからない人は、時々会場のいちばん後ろの人に向かって話をしているつもりでやるといいでしょう。自然に声が大きくなりますから。マイクがあっても同じです。

大きさも大事ですが、ゆっくり話すことも忘れてはいけません。こっちは三割引きです。いつものスピードより三割落とすということです。プレゼンの基本は、言葉だけで理解してもらうというものです。スライドなどは補助資料です。映画ではありませんから。相手の言葉を完全に理解しながら話を聞くのは、わりと難しいものです。ですから、意識してゆっくりと話す必要があります。不自然にならない程度に。

同じくはっきりと話すことも大事です。やはり三割を意識して。いつもより三割はっきりと話すということです。語尾が消えたり、活舌が悪かったりすると、相手に伝わりません。その意味で、多少意識してはっきり話すのがよいということです。これもやり過ぎるとロボットみたいになってしまいますから、注意が必要です。自分ではわからないと思うので、人に聞いてもらって不自然でないかどうか判断するのがいいでしょう。後で書きますが、だから実践に近いかたちでのリハーサルは不可欠なのです。

その他、話し方については、標準語でいくのか、自分の訛《なま》りを生かすのかということもあります。普通は標準語ですが、関西出身でもともと関西弁なのに、無理をし過ぎるとかえっておかしくなってしまいます。何より、関西で関西の人ばかりの前でプレゼンするとき、あえて標準語にすることもないでしょう。

少なくとも多少「ネイティブ感」を出したほうが、温かく受け入れられます。私も関西出身ですが、テレビでコメンテーターをしていたときも、「小川さん、せっかくなので関西弁でお願いします」といわれていました。あるいは、大阪の高校生を相手に大阪で話をするときも、関西弁にしたほうが効果が高いです。せっかくの訛りを、うまく生かしましょう。ちなみに、私が関西の高校生向けに関西弁でプレゼンした動画をインターネットで見ることができます。興味のある方はアクセスしてみてください。URLは次の通りです。

https://yumenavi.info/WNF012/WNF012_talk_O.aspx?sq=2016t00149&fromuniversity=G

口調も一応バリエーションがあっていいと思います。普通は「ですます調」でしょう。でも、時には、部分的にカジュアルに話しかけるようにやったほうがいいこともあります。私は小学生に対してプレゼンすることもあるのですが、あまり形式ばるより、「○○だよね？」などといったほうが、親近感をもってもらえるのです。相手によるということでしょう。

最近ますます重要度を増す英語の話し方については別途お話ししますので、ここでTPOの話に移ります。

TPOに応じたパターン

先ほど相手によってはカジュアルに話しかけるのもいいと書きました。これがTPOです。フォーマルなのか、それともカジュアルなのか。セミフォーマルなのか。単純にいうと、学会や授業での発表はフォーマルでしょう。仕事の場合はもちろんですが。カジュアルというのは、相手が子どもとか、仲間内の多少くだけた場とかの場合です。セミフォーマルがいちばん難しいのですが、私の場合はいちばん機会が多いような気がします。授業もそうですし、講演もそうです。

フォーマルというのは、ですます調で、ふざけずにマジメにプレゼンするということです。後で話しますが、ユーモアを交えないということではありません。これに対してカジュアルというのは、仲間同士の笑いを交えた対話のような要素を入れたプレゼンです。セミフォーマルはその真ん中です。

どうして私の場合それが多くなるかというと、ただでさえ哲学の話は堅くて難しいのに、それを一般向けにプレゼンするさい、もしフォーマルにやってしまうと、皆が眠くなるからです。学生や子どもたちを相手に話すことが多いという理由もあります。

ちなみに、話し方のＴＰＯは服装など外見のＴＰＯに比例します。フォーマルならスーツ。学生でも、卒業研究の中間発表とか最終発表はスーツです。学会発表もそうです。理系だときちんとしている人が多いように思いますが、とくに哲学の学会では先生はスーツも着ないし、ネクタイなんてしていません。これは業界によって異なるのです。

カジュアルならＴシャツ・ジーンズでもいいでしょう。イメージとしては、シリコンバレーのＩＴ企業家がやるあの感じです。Facebookのザッカーバーグとか。セミフォーマルは、カジュアルなジャケットにシャツといった感じでしょうか。もちろん、あえてギャップを狙うということもあるでしょう。でもそれは例外です。人は見かけが九割なんていう人もいますが、あれは本当です。Ｔシャツで話す人より、スーツで話す人のほうが説得力を与えやすいのです。シリコンバレーでは逆なのかもしれませんが。

ちなみに、清潔さはどの場合でも求められます。人前に立つときは、服をだらしなく着ないとか、髪を整えるとか、きちんとメークをするとか、最低限のマナーは守ったほ

まず考えてみよう！

ターゲット

難易度

専門家なのか、専門外のオーディエンスか？

年齢構成は？

世代間ギャップに気をつけましょう

どのような文化的背景の人が多いか？

他者の文化を侮辱することのないように

全体の人数はどのくらいか？

それにより親密度が変わります

持ち時間

10分程度の短い場合

いちばんいいたいことのみ凝縮して話しましょう

30分程度の場合

実験や調査もきちんと説明しましょう

1時間以上の場合

先行研究や背景にまで踏み込めばいくらでも時間は使えます

何を使うか

パワーポイントなどのプレゼンツールを使うか

視覚的効果を活用したい場合や、会場が広い場合は使ったほうがいいでしょう

配布資料を準備するか

スライドの資料が詳細な場合や、後でゆっくり見てもらいたい場合は用意したほうがいいでしょう。ハンドアウトを配布するとオーディエンスがメモを取りやす

いというメリットも

話す内容をすべて書いた原稿を自分用に準備するか

フォーマルなプレゼンで万全を期すためには用意すればいいと思いますが、その場合でも読み上げる調子にならないように注意しましょう

要点のみ書いたメモを自分用に準備するか

手に持つか、いざという時のためにポケットに入れておくかは別として、用意したほうが安心です

設備

会場の広さはどのくらいなのか？

どんなマイクが使えるのか、歩き回れるのかどうかなど事前に確認しましょう

パソコンやプロジェクターは使えるか？

コネクターの形状なども調べておきましょう

小道具は使えるか

自分で用意したもの以外にも、会場にあるものはすべて武器にしましょう

TPO

フォーマル

ゼミでの発表や学会など。ですます調で、失礼のないように衣装にも気を配りましょう

セミフォーマル

一般向けや、先生が学生に対して授業をする場合など。堅苦しくなり過ぎない雰囲気づくりが大切です

カジュアル

子ども相手や、仲間内での発表。対話の要素もふんだんに交え、親しみがもてる場を心掛けましょう

うが印象がいいのはまちがいありません。

服装が自由なら、私はセミフォーマルにするようにしています。ジャケットにシャツのスタイルです。これだとフォーマルでもカジュアルでもどちらでもいけるからです。当日の空気に合わせることも可能です。最悪ネクタイをもって行って、皆がしているようならしてもいいでしょう。

あまり堅苦しくしたくないという気持ちもありますし、何よりネクタイをしないほうが楽なのです。自分が楽でいられる格好のほうが、楽にプレゼンできるのではないでしょうか。

モデルを見つける

そういう服装も含め、自分のモデルになる人を見つけるといいでしょう。その要素として、いくつか挙げることができます。まず自分の憧れのイメージであること、次に自分に真似ができそうなことです。

憧れのイメージでないと、真似る気にはならないでしょう。そして憧れであるということは、それなりに名手でしょうから、参考にする価値があります。スポーツでも音楽でも、まずは憧れることです。そしてその人みたいにうまくなりたいと思って練習するのが上達の近道なのです。プレゼンもまったく同じだと思います。あまりそんなふうには思っていない人が多いのですが。

今いったことと矛盾するかのようですが、あくまで真似ができそうなことがポイントです。いくら憧れでも、自分と違い過ぎるとお手本になりません。モチベーションの意味では誰でもいいのですが、プレゼンのスタイルを真似るお手本ですから、真似のできる人でないといけないのです。具体的には、話し方や声のトーンなどです。とくに声が似ているとやりやすいでしょう。歌と同じです。声の質が似ていると、カラオケで練習する甲斐《かい》があります。

ちなみに私がお手本にしてきたのは、私と同じく哲学が専門のハーバード大学のマイケル・サンデル教授です。ＮＨＫの「ハーバード白熱教室」で一世を風靡《ふうび》した対話型講義の名手といっていいでしょう。サンデル先生の講義は、非常に生き生きとしていて、相手が何人いようがあたかも対話をしているような雰囲気で話されるのです。実際に質問をしながら双方向で行われることが多いのですが、そうでないときでも、聴衆に語りかけるようなあのプレゼンが、私の理想にぴったりだったのです。

それでインターネットに上がっている動画をくりかえし見たのはもちろんのこと、DVDを購入したり、またライブで講義を体験したり、本人にも会いに行ったりして、そのノウハウの習得に努めました。しかもサンデル先生の場合、英語でのプレゼンのモデルにもなったので一石二鳥でした。適度なスピードでわかりやすく話されるので、ノンネイティブでも十分真似ができます。

さて、プレゼンとは何か？　その輪郭と本質が見えてきたでしょうか？　ではいよいよ準備にとりかかりましょう。

第2章　プレゼンを準備する

1　一番伝えたいことは何か?

プレゼンは演繹《えんえき》的に

プレゼンのスライドや服など、物理的なものの用意もあるのですが、なんといっても中身の準備が大事です。なかでも、最初に準備すべきなのは、何がいいたいのかです。人前に出てわざわざ話すということは、何か伝えることがあるはずです。まずそれをよく確認してください。

これは国語の文章でいうと、いわゆる「筆者のいいたいこと」です。そこが自分のなかではっきりしていないと、何をいいたいのかわからないと指摘されかねません。逆に、そこさえしっかりしていれば、ぶれることはないでしょう。あとは肉付けの話なのです。

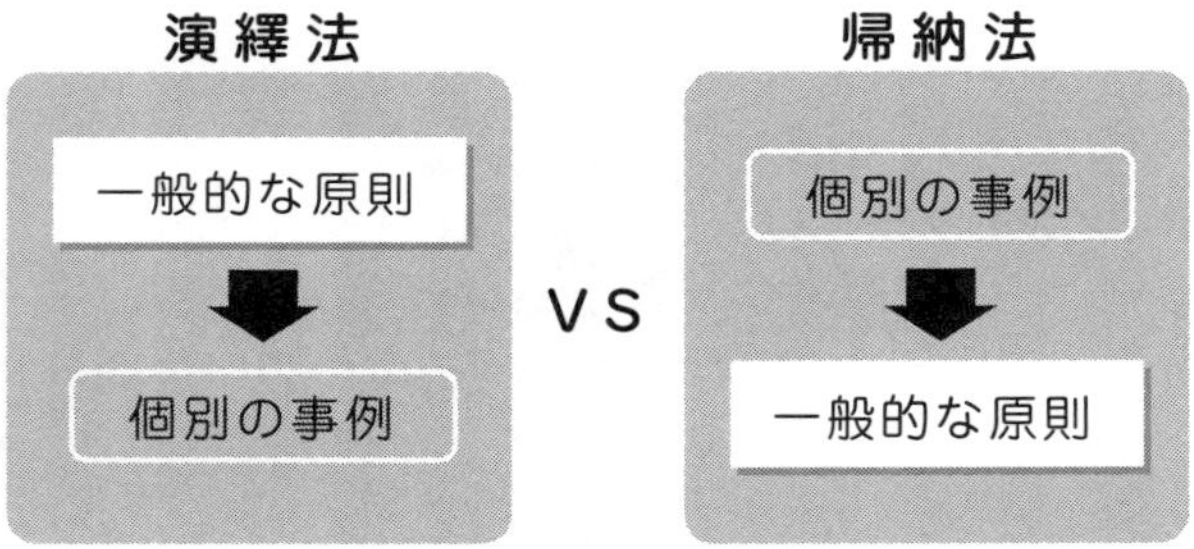

だから私は、プレゼンは演繹的にといっています。
演繹法というのは、一般的な原則を掲げて、そこから敷《ふ》衍《えん》する、つまり応用していく思考法です。その反対が、帰納法で、こちらは個別の事例から一般的な原則を導き出します。理科の実験のように。

つまり、プレゼンの場合、何か原則、言いたいことをポンと掲げて、それを説得的に論じていくというのがいいのです。個別の出来事や事例を挙げて行って論証するのもいいですが、それだと何がいいたいのか最後までわかりません。科学の分野の研究発表でも、実験とプレゼンは異なるのです。プレゼンの時点ではすでに実験は終わっているでしょうから、結論が先です。

ただ、研究発表などの場合は、いろいろいいたいことが出てきて、なかなか「いちばんいいたいこと」が定まらないケースが多々あります。それで「何がいいたいのかわからない」などというツッコミを入れられてしまうのです。

これを避けるには、自分のいいたいことを一言でいうとどうなるか考えてみるといいでしょう。キーワードでもいいです。哲学の世界ではそれを「本質」と呼んでいます。物事の全体を一言でいい表したもののことです。ですから、必然的にその物事を象徴する部分が本質になります。たとえば、仕事の良さについて話したいなら、自分が仕事についていちばん大事だと思うことを挙げればいいのです。いきがいとか、やりがいとかいうふうに。

それがまたタイトルなどにおけるキーワードにもなります。タイトルはインパクトがあって、オリジナリティを感じさせるものにする必要がありますが、それはあくまで印象に残すためであって、同時に中身を象徴していないと意味がないでしょう。

本質を表すキーワードが入っていればそこはカバーできます。あとはできるだけ人を惹《ひ》きつける面白そうなものにすればいいのです。もちろん、そのキーワードを何度かプレゼンのなかでも出して、印象づけなければいけません。学会発表などでは、短い時間に多くの人が発表しますから、印象に残してもらうにはこの作戦は不可欠です。そうすると、「ああ、あの○○の人ね」といってもらえるのです。この○○がキーワードになります。

もちろんキーワードは一つでなければならないということはありません。プレゼンの長さにもよりますが、三つくらいまでならＯＫです。三つセットになるものもいいでしょう。フランス革命のスローガン、「自由、平等、博愛」のような。あるいは牛丼の吉野家のキャッチフレーズ、「うまい、やすい、はやい」のような。

ちなみに本書では「現前性」、「ショー」、「パフォーマンス」といったキーワードを意図的に用いています。キーワードはもう少し長いキャッチフレーズでもいいと思います。オバマ元アメリカ大統領の「Yes, we can!」は秀逸でした。三語というのは覚えやすいのです。トランプ現アメリカ大統領の「America first」もインパクトがありましたよね。歴史上も、リンカーン大統領の「人民の、人民による、人民のための政治」は、日本の教科書にも載っているくらいです。

アメリカの大統領のキャッチフレーズばかり例に出したのは、偶然ではありません。アメリカの大統領選挙ほど盛り上がるものはないでしょう。しかもスピーチから何から、プロ中のプロが集まってよく練られています。ですから、プレゼンにとっても参考になるものがたくさんあるのです。キャッチフレーズはその最たるものです。

多くの人たちの印象に残り、しかも口ずさみやすい、中身もあるフレーズが選ばれているのです。だから海を越えて世界中の人が知ることになるのです。

キャッチフレーズはあまり長いと覚えられませんが、それでもプレゼンのなかでくりかえされると、それなりに印象に残るものです。したがって、少なくとも三回はくりかえすようにしてください。最初、真ん中、最後というふうにまんべんなくが理想です。

話の進め方

いいたいことが決まれば、おのずと話の進め方も決まってきます。つまり、自分のいいたいことをわかってもらえるように説得的に話せばいいのです。そのためには、論理的であることがいちばんです。主張をしたら、すぐそれを理由で補う。そのくりかえしで議論を深めていくのです。

たとえば、突然「お金をください」といっても誰もくれません。それだと変な人だと思われるかもしれません。でも、なぜ自分がお金が必要なのか説得的に訴えたり、お金を出した人が得をすることをわかってもらえたら、お金をくれる人も出てくることでしょう。実際、世界の困っている人を助けるため、あるいは新しいビジネスを始めるためにお金を集めることを目的としたプレゼンも結構あります。

「私は○○だと思います。なぜなら××だからです」という主張→理由のパターンを忘れないようにしてください。もちろん理由の部分ではデータを用いたり、引用を用いたりするとより説得性が増します。

人を惹きつけるプレゼンでは、理由をいきなりいうのではなく、「では、なぜ○○なのでしょうか？」と聴衆に問いかけ、いったん考えさせるというのも手です。これは実

〈話の上手な進め方〉

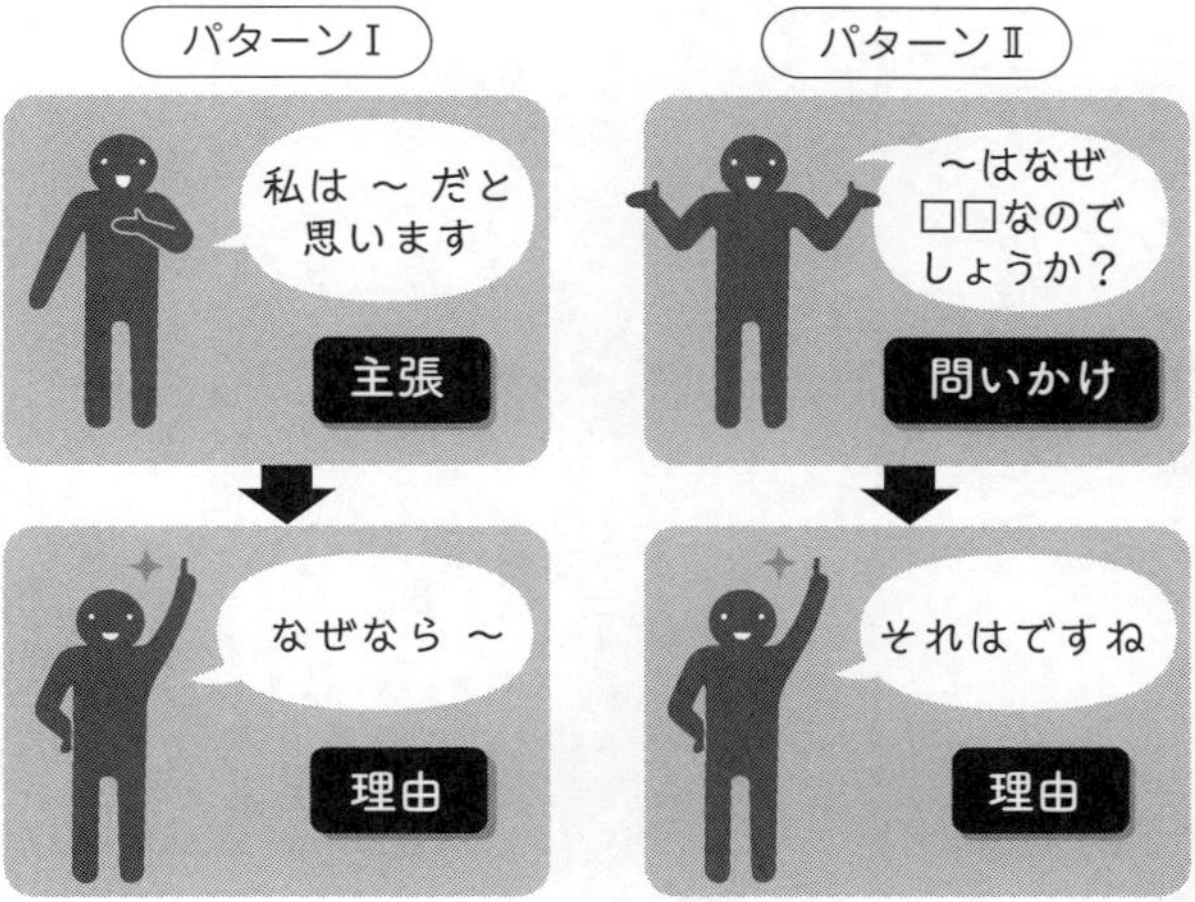

際に答えてもらうのが目的なのではなく、あくまでそういう手法です。

理由に限りません。「いったい何がそうさせるのでしょうか？」とか「どうやってやればいいのでしょう？」などという問いかけも、聴く人を当事者に置き換える効果があり、その後親身に聴いてもらえます。あまり淡々と進めると、他人事になってしまうからです。うまく聴衆を巻き込みながら話を進めるようにしましょう。

私は哲学者ですから、聴衆に考えてもらうことを重視しています。そのためよく問いかけを行います。そうすると、一瞬でも考えてもらえるのです。あるいはその問いがずっと頭に残っていて、プレゼンの後も考え続けてもらえるかもしれません。その意味で、印象に残る問いを投げかけるのもテクニックだといえます。

ただ、注意しなければならないのは、「○○って知っていますか?」というかたちの問いを連発すると、偉そうに聞こえてしまうことです。「知っていますか?」の裏には、「私は知っている」がありますから。聴衆を不快にさせてはいけません。

その意味では、高圧的な話し方はやめたほうがいいでしょう。自信をもちつつも、親しみやすい話し方がベストです。苦手な人は笑顔で話すことをお勧めします。自然にやわらかい表現になりますから。

2 響く物語をつくる

あなたはそれを聴きたいか

キーワードが決まれば、次は全体のストーリーです。ポイントは、あなた自身がそれを聴きたいかどうかです。自分が聴きたくないようなダラダラした話を、誰が真剣に聴いてくれるでしょうか？　人の関心はわかりませんが、自分の関心はわかるはずです。ならば、少なくとも自分が面白いと思えるものを準備する必要があります。

そして、自分が面白いと思えれば、その熱意も伝わって、ある程度の人が面白いと感じてくれるものなのです。これこそ「現前性」、つまり目の前の相手への気遣いだと思います。短い場合でも一〇分とか一五分もあなたの話を聴いてもらえるのですから、おもてなしをすべきだと思うのです。

今、たかだか一〇分、一五分じゃないかと感じた人は、そこのところから認識を改めていただきたいと思います。誰かの貴重な人生の時間を、自分の話に一〇分も割いてもらえるというのは大変なことなのです。その一〇分でもっとほかのことができたかもしれません。なかには一〇分で大儲《もう》けする人もいます。あるいは一〇分あればスマホで別の有名人のプレゼンを聴くことだってできます。にもかかわらず、あなたに一〇分を捧《ささ》げてくれたのです。そのことに感謝すれば、自然とおもてなしができるのではないでしょうか。そういう気持ちが響く物語をつくりあげるのです。

難しく考えなくても大丈夫です。たとえ無味乾燥な科学の話であっても、ストーリーさえ面白くすれば、素人でも耳を傾けたくなるものにすることは可能です。中学でも高校でも、話のうまい先生の授業は聴き入った覚えがありませんか？　あれと同じです。教科書の内容でさえ、面白く話せば面白くなるのです。だから予備校には人気講師と呼ばれる人たちがいるのです。

結果的に、心に響く物語になっているかどうかは、自分のつくったプレゼンのストーリーが、成功をイメージできるものかどうかでわかります。つまり、その話をして、誰も眠らず、最後に大きな拍手がおきるかどうかです。日本ではあまりありませんが、スタンディングオベーションが起きれば最高でしょう。

そのためには、メリハリをつけて話す、何か仕掛けを用意する、ユーモアを交えるといった工夫も求められます。ユーモアはとても大事です。お笑いを聴きにいって、会場で居眠りをしている人を見たことがありますか？　ノーベル賞受賞者などは一流の研究者でありながら、必ずといっていいほど授賞式や記者会見で人を笑わせます。できる人はそういうテクニックも身につけているのです。

3　マーケティング＆リサーチをする

そうした成功のイメージのためにも、しっかりとマーケティング及びリサーチを行う必要があります。マーケティングだとか市場調査などというと、まるでビジネスのようですが、まったくその通りです。プレゼンはビジネスなのです。彼らはビジネスで勝つために、プレゼンをツールとして使い、そのためにマーケティングをしているのです。

ここがずれていると、いくらがんばっても空回りしてしまいます。たとえば、ジョークが聴きたいと思っている人に念仏を唱えても意味がないでしょう。いくら熱心にやったとしても。これは極端な例ですが、要はそういうことなのです。

したがって、ここでいうマーケティングとは、まずターゲットの話です。いったい誰を相手に話すかはかなり重要です。プレゼンの大前提が「現前性」にある以上、誰に向かって話すのかがほぼすべての要素の決定要因となるわけです。相手が大人なのか子どもなのか、プロなのか素人なのか、日本人なのか外国人なのか。

まずは、年齢構成をよく調べることが必要です。例もそれによって変わってきます。ジェネレーションギャップがあると、わかってもらえないからです。プロか素人かというのは、私のような哲学の分野では大きな問題です。哲学をかじっている人たちに一般向けの話をしても、つまらないといわれてしまいますから。これはどの研究分野にもいえることですが、相手の知識のレベルをよく確認したほうがいいでしょう。

外国人かどうかというのは、文化的背景の話です。ですから、日本人でもそうしたことが問題になってきます。くりかえしますが、プレゼンは相手との対話です。誰かと二人だけでする会話を思い起こしてもらえばよくわかると思いますが、相手のバックグラウンドをきちんと踏まえて発言しないと、時に相手を傷つけてしまうことさえあります。

それよりなにより、常識を共有していないと、言葉というのはうまく伝わらないものなのです。だから聴衆の文化的背景を把握しておく必要があるのです。

私は仕事柄、留学生の前でプレゼンをすることが多いのですが、いつも文化的背景に注意しています。この場合、日本の常識は通用しません。豚が不浄の存在であるイスラーム圏の人の前で、よく日本人がやるように豚をネタにしたジョークはまずいでしょう。

それに加えて、会場の大きさや設備もきちんと調べておかねばなりません。マイクがいるのかどうか、動き回れるのかどうか。私の場合とくに対話型の講演をするよう心がけているので、歩き回って随時質問できるかどうかが重要です。ですから、常に会場の様子を確認するようにしています。歩き回れるかどうか。マイクがコードのものだと最悪です。その場合はよくスポーツインストラクターが使うようなポータブルのマイクとスピーカーを持参します。充電式なのでどこでも使えます。大きな教室でも十分対応可能ですので、いざというときのために一つもっていてもいいのではないでしょうか。私の使っているものはわずか二五〇〇円くらいです。

その他、パソコンは使えるか、コネクターの形状はどうかなどといったことも調べておく必要があります。HDMIの変換コンバーターはもっていたほうがいいかもしれません。これも一〇〇〇円もしません。

とはいえ、思わぬトラブルはつきものです。聞いていたのと話が違うということもあります。したがって、常に最悪を想定しておいてください。私はストロングスタイル（プロレスの用語で、派手な衣装に対して伝統的な黒いパンツを着用するスタイルに象徴される）と呼んでいるのですが、どんな状況でも対応できるだけの用意をしておくということです。それは何もなくても話せるということです。音響設備がなくても、パソコンが急に使えなくなっても、とにかく時間をもたせることができる。そういう準備をしておけば何も恐れることはないからです。

そうした形式的なことをきちんと確認したうえで、やはり何が求められているかといったことを入念に調べておくことが大切です。これは主催者側によく確認すればわかります。想像でやってしまってはいけません。どれくらいくだけた感じにできるかとか、そこまで確認しておいたほうがいいでしょう。

4　形式や内容を決める

入念にマーケティングをしたうえで、ようやく自分のプレゼンを組み立てていくことになります。まずは長さです。もちろんたいていのプレゼンは時間が決まっています。二五分話して、一〇分質疑応答があるとか。六〇分話して、一〇分質疑があるとか。その長さに応じて、どう組み立てるか考えるのです。

おそらくほとんどの人は、そんなにたくさんネタがあるわけではないでしょう。研究ということになれば、たいていは一つです。したがって、その同じことを規定の時間に合わせて短くしたり、ふくらませたりすることになります。

その場合もいちばんいいたいことは一つのはずですから、そこを中心にどれだけ詳しく話すかだけです。時間がなければ、実験や調査の過程をあまり詳しく話すことはないでしょう。でも、時間があるときは、そういうところをふくらませばいいのです。図やグラフなどの説明はいくらでもふくらませることができます。

背景や先行研究の部分もふくらまそうと思えば、いくらでもできる部分です。ですから、長いのはわりと簡単なのです。反対に短い時間で伝えることのほうが難しいと思ったほうがいいでしょう。わずか一〇分で伝えられることは限られています。そのなかで背景から何から全部説明するとなると、どうしても総花《そうばな》的になってしまうのです。その結果、いちばんいいたいことがボケてしまうということになりかねません。ですから、いちばんいいたいことを中心に、メリハリをつけることを意識してください。

次に道具です。何を使ってやるのか。パワーポイントのようなプレゼンツールを使うのか、言語はどうするか、小道具は使うかといったように。最近はパワーポイントを使うことが多いと思います。私が大学院生の頃はパワーポイントなどなく、学会発表のために大量にハンドアウトを印刷して配っていました。言語はたいてい日本語ですが、英語ということもあるでしょう。小道具というのはアクセントです。聴衆を惹きつけるために、テーマに関連する実物をもって行くといったケースです。

小道具ではないですが、カンニングペーパーを用意するかどうかは重要です。カンニングペーパーというと悪く聞こえるかもしれませんが、要はプレゼンのための原稿を用意するかどうかです。これは三種類ほど考えられると思います。一つ目は完全に原稿を用意するパターンです。この場合、まちがうことはないでしょうが、どうしても生き生きした感じが損なわれてしまいます。学会発表ならまだいいでしょうが、イベントでのプレゼンだと人に訴えかける力が落ちてしまうので、あまりお勧めできません。

ただ、読み方によっては、本の朗読と同じで生き生きした感じにできるかもしれませんが、逆に高い技術が求められることになります。いずれにしても、棒読みだけは避けたいものです。

そこで、二つ目はポイントだけ書いたメモを用意するパターンです。これなら原稿を読む感じにはなりません。おまけにポイントを忘れたり、まちがえたりすることはないので、ある意味いちばんいいやり方です。私もほとんどこのパターンです。とくに三〇

〈手持ち原稿三つのパターン〉

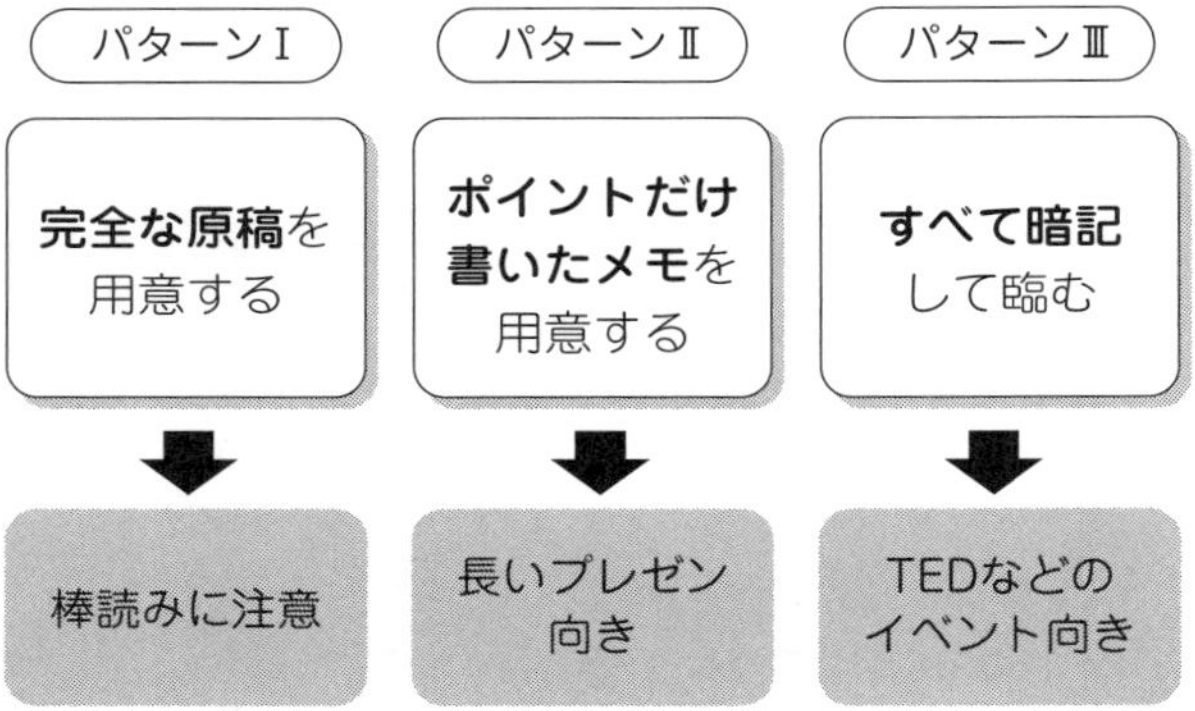

分以上のプレゼンは、こうしたメモがないと覚えきれません。

このパターンにもいくつかやり方があるのですが、オーソドックスなのは流れとポイントだけを箇条書きにしたメモを用意することでしょう。これなら、さっと目をやるだけで確認できますから。あまり情報が多いと、どこを読めばいいのか一瞬で判断できないのです。覚えていればいちいちメモに目をやる必要はありません。わからなくなったときだけ、ちらっと見るのです。そしてそれでも当該の箇所が見つかるようなものをつくっておかねばなりません。

私の場合、パワーポイントの資料配布モードで六枚から九枚くらいをＡ４の用紙に入れたものを用意します。そして、そこに必要なコメントを書き込んでおくのです。とくにスライドとスライドのつなぎの言葉を書いておくことが多いです。スライドの説明自体は、実際に絵を見れば思い出すからです。

三つ目はまったく何も見ないパターンです。これができるならそれに越したことはありません。でも、二〇分以上になるとなかなか覚えきれません。また、暗唱大会ではないので、覚えているものを正確に吐き出すことばかりに神経を集中するのは、本末転倒だと思うのです。ただ、ＴＥＤのようなプレゼンイベントなどでは、覚えていたほうが圧倒的にかっこいいです。人を惹きつける力もあります。

そのさい、くれぐれも覚えてきたものを恐る恐る吐き出している感じにならないよう注意してください。あたかもアドリブでやっているかのように見せるのが理想です。そのためには練習しかありません。

なお、最近は紙の原稿ではなく、スマホにメモをしたり、原稿を表示させたりする人がいますが、これも同じです。スマホで一ついいのは、たまにしか参照しないのであれば、時間を確認しているようにも見える点です。

あとは、内容（レベル）をどう設定するかが大事です。これはターゲットによって変わってくるわけですが、聴衆のレベルがまちまちだと困ったことになります。一般向けに話をするときはいつもそうなのですが、なかには詳しい人もいます。ですから、あまり柔らかい話ばかりだと、そういう人たちが飽きてしまうのです。かといって、難しい話をすると、一般の人がわからなくなってしまうというジレンマがあります。

いちばんいいのはマジョリティに合わせつつ、時折マイノリティにも配慮するというバランス感覚でしょう。ただし、マイノリティに配慮するときは、ひとこと言い訳をするのがいいと思います。「なかには詳しい方もおられるので」とか、「この話は詳しい人用ですから、わからなくても大丈夫ですよ」というふうに。両方に配慮しながらやると、好印象を与えることができます。

そして全体の構成です。これについては、ストーリーをつくるつもりでやるといいでしょう。プレゼンはショーですから、最初から最後まで構成をよく練る必要があります。構成がよく練られたショーは面白いものです。私はそれをストーリーと呼んでいます。

日本語でいうと物語です。物語には導入があります。導入によって人びとは物語に引き込まれます。その後は、徐々に盛り上がって話が展開していくわけですが、そのさい、小学校などで起承転結という構成を教わったと思います。導入（起）があって、それを受けて物語が広がり（承）、何か意外な展開があり（転）、最後はまとまる（結）というパターンです。

基本的にはこれでいいと思うのですが、「転」がアッと驚くものである必要は必ずしもないと思います。むしろ山場、クライマックスがいるということです。したがって、誤解を招かないように、「起承山結」でいいのではないでしょうか。山場の山です。これは後で紹介する「前が長いへの字」型プレゼンの構成と同じことをいっているわけです。

ただし、四つの場面の時間配分は同じではないでしょう。「承」の部分と「山」の前

後が長くなるはずです。二〇分のプレゼンなら、「起」が三分、「承」が八分、「山」が六分、「結」が三分くらいです。この場合、「承」はさらに二～三個のパートに分け、かつ「山」はピークを境に前後数分ずつというイメージでとらえるといいでしょう。

　ということは、結局小さなパートの各々は三分ずつくらいになりますが、その程度小分けにしないと、飽きられてしまうのです。三分話すとなるとそれなりにあります。それ以上同じ話だと退屈になる。スピード感や躍動感のあるプレゼンをしたほうが、聴いていて心地よいものです。そのためには、三分ごとくらいで展開があったほうがいいのです。物語でいうと章のイメージです。本を読んでいても、一つの章が長いと疲れますよね。プレゼンでも同じです。

5　仕掛けをどうするか？

事前の準備では、仕掛けをするというのも大事な要素です。わざわざプレゼンという手法で自分の考えを伝えるわけですから、それが効果的に行えるような仕掛けをするということです。目玉を設けるといってもいいでしょう。

簡単なことからいうと、ライブならではの仕掛けとして、まず最初のつかみの挨拶《あいさつ》とか、かけあいみたいなものが考えられます。私がモデルにしているサンデル教授はそこも非常にうまくて、韓国でロックスターのような歓待を受けたさいには、まさにロックスターさながらのパフォーマンスをしています。なんと、登場するやいなや韓国語でこう叫んだのです。「サランヘヨー！」。アイ・ラブ・ユーという意味です。その一言で会場は熱狂につつまれました。

私はこのシーンをテレビの番組で見たのですが、失神しそうな人たちも映っていました。もうさすがとしかいいようがありません。本業は名門ハーバード大学の政治哲学の先生なのに。私もその国の言葉で「愛してるよ」とまではいえませんが、海外であろうと国内であろうと、その土地の人たちに対して呼びかけるということはしています。アットホーム感を醸し出すのに有効だからです。よく地方を回っている芸人さんや歌手、あるいは司会者がやっているあれです。「○○の皆さん、こんにちはー」と、○○のところにその土地の名前を入れるだけでいいのです。

その他、小道具をうまく使うという手もあります。マイクロソフトの創業者ビル・ゲイツは、引退後慈善事業に力を入れていますが、彼はマラリアの恐怖を伝えるために、会場にマラリア蚊らしきものを放ちました。当然大盛り上がりです。もちろん皆、普通の蚊だとわかっているわけですが。

プレゼンの途中でも、意外な真実を発表するとか、感動するような話をもってくるなど、サプライズを含め、山場はいくらでもつくれます。要はそういうおもてなしの精神があるかどうかです。プレゼンはある意味でエンターテインメントですから、相手を喜ばせようという意識が不可欠なのです。しかもそれは準備段階から求められてくるわけです。

余談ですが、よく日本のおもてなしは西洋のホスピタリティとは違うといわれます。いちばんの違いは準備のところにあるのです。西洋のホスピタリティが目に見えるわかりやすいサービスであるのに対して、日本のおもてなしは限りなくさりげないものです。なのに素晴らしい。それは見えないところで努力しているからです。

お客さんが来る前に準備のところで心地よさを演出しておく。だからさりげなく見えるのですが、本当は大変な努力です。でも、その舞台裏を見せない。そこがまたおもてなしの神髄だといえます。プレゼンのおもてなしは、西洋のホスピタリティ型ではなく、この日本のおもてなし型でやっていただきたいと思います。

6 ハプニング対策

先ほど日本のおもてなしの話をしました。ハプニング対策はまさにそれが当てはまります。おもてなしは観光の世界の言葉なわけですが、人を喜ばせる、興奮させるという意味では、プレゼンは観光に通じるものがあります。たとえば、せっかくの旅行がハプニングで台無しになってしまわないよう、旅館などでは最善を尽くしているわけですよね。

そんなとき、もしお客さんが期待していた食材が届かなかったらどうするか？　急に慌ててもどうしようもありません。きちんとおもてなしのできる旅館なら、そういうときのためにあらかじめ対策を練っているはずです。そしてお客さんがきちんとくつろげるようにする。あるいはより楽しめるようにする。これが本当のおもてなしです。そのためには、ハプニングをプラスに変えるくらいの発想が必要でしょう。

プレゼンの場合、食材が届かないということはないでしょうが、機材が使えないということは多々あります。パワーポイントを使おうと思っていたのに、会場に行ったらプロジェクターの調子が悪かったとか。それでもう何もできなくなってしまうようではおしまいです。そういうときは何もなくてもできるように準備しておけばいいのです。心の準備も含めて。最悪自分の身体さえあればできるというふうに。

話している途中で携帯の発信音やマイクのノイズなどの雑音が入ることがありますが、そういう場合もコメントを用意しておくと、流れが途切れません。自分もリラックスして続けることができるはずです。たとえば、私だったら「最近発言が過激なので盗聴されているのかもしれません」とか「ＦＢＩが来ているんでしょうか」などといって笑わせたり、小学校でプレゼンの途中でチャイムがなったときには、「これはもう帰れということですね」といって笑わせたりしたことがあります。

雑音ならまだなんとか無視してもいいですが、妨害者がいるとそういうわけにはいかないでしょう。その場合はガードマンか誰かがなんとかしてくれるでしょうが、プレゼンをする側は気まずくならないように配慮する必要があります。

ここでもサンデル先生のいい例があります。暴走する電車の先にいる複数の人たちを助けるために、橋の上から太った人を線路に落として、電車を止めることは倫理的に許されるかどうかという話をしていたときのことです。「トロッコ問題」と呼ばれる有名な議論なのですが、劇場のようになっている大教室の二階のバルコニーから、ある一人の学生がＫＹな発言をしました。会場は一瞬いやな空気に包まれそうになりました。でもさすがはサンデル先生、こう切り返したのです。「それはいいけど、二階から落ちないように気をつけなさいよ」と。会場は笑いに包まれ、話は元に戻ったのです。これはアドリブだったのだろうと思いますが、ある程度のパターンを用意しておくと、応用できるものです。

それは盛り上がらない場合のハプニングについてもいえることです。思ったほど盛り上がらない場合どうするか？　これもあらかじめその事態をフォローするようなコメントを用意しておけばいいのです。そのコメント自体で盛り上がることもありますから。究極のコメントは、自虐的なものです。「あれ、もっと盛り上がると思ったんですが」

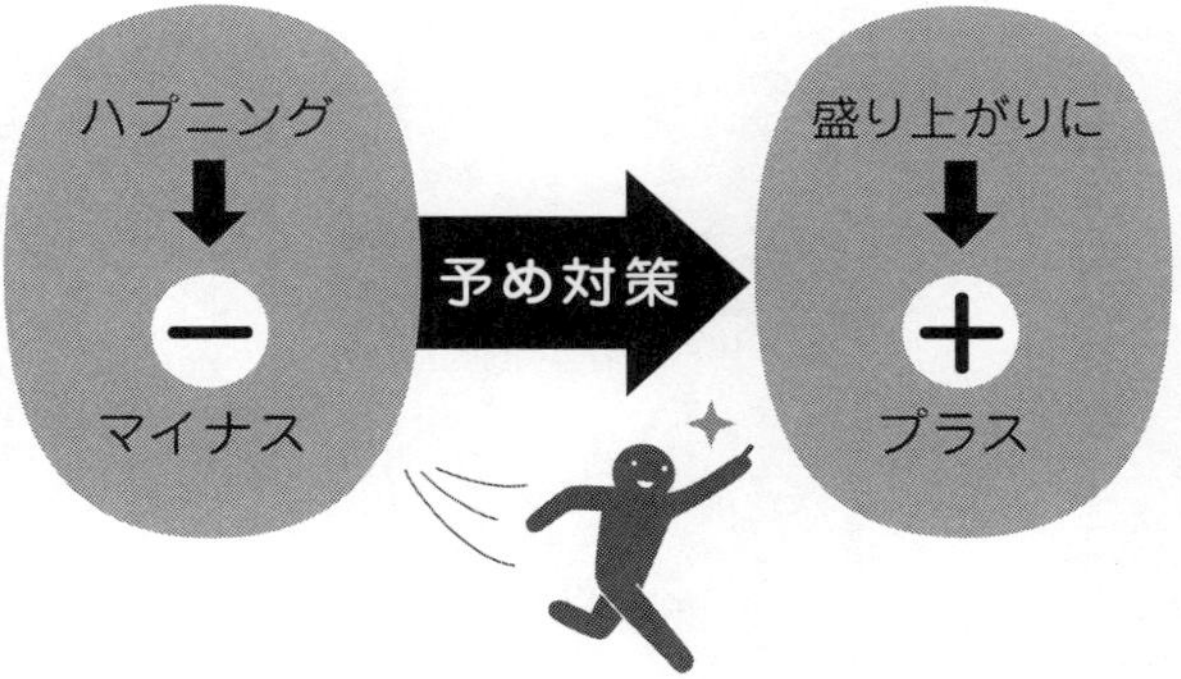

とか「ここで笑ってもらう予定だったんですが」とかいえば、たいていは笑ってもらえます。それがきっかけでいい雰囲気になって、盛り上がるということがあるのです。

ハプニングのなかでいちばんいやなのは、内容が飛んでしまうことでしょう。私も経験があります。なんど練習してもこればっかりは防ぎようがありません。緊張していますから。そして内容が飛ぶと、そのことでさらに頭が真っ白になり、もうガタガタになってしまうのです。その事態を避けるためにはどうするか？　それは忘れたこと自体を忘れればいいのです。つまり、内容が飛んだ部分はもう仕方ないのですから、そのことを一刻も早く忘れて、体勢を立て直すということです。フィギュアスケートを見ているとこれがよくわかります。一度くらいこけても、その後しっかりとやれば逆転可能なのです。失敗を気にしすぎると、後もこけまくります。

では、そんなことさえできないくらい極度の緊張に見舞われたらどうするか。もうカチカチになっていて、右手と右足が同時に前に出るような事態です。ここでも究極の解消方法を一つ紹介しておきます。それはドイツの哲学者ニーチェが書いていることです。なんと彼は、「この後死のうと思えばいい」というのです！　そうすれば後は楽になれるのだと。まさに究極です。でも、たしかにもう死ぬならなんでもできるはずです。もちろん実際には死にません。それで本番が終わった後は、元に戻ればいいのです。プレゼンで死んだ人は聞いたことがありませんから。

7　本番までのスケジューリング

極度の緊張の話をしましたが、準備がちゃんとできていれば、そこまではいかないはずです。そのためには、本番までのスケジューリングをきちんとしておくことです。逆算して、余裕をもって計画を立てる。それに勝る緊張の解消法はないでしょう。

緊張の解消だけではありません。余裕をもったスケジューリングはいろんなハプニングに対応できます。自然災害のような天災にでさえも。天災があっても大丈夫なくらいのスケジューリングが理想です。日本に住んでいると、そういうことは多々あります。地震や豪雨で新幹線が遅れることもよくあります。本当の大災害になってしまうと、もうプレゼンどころではありませんが。

私の場合、どんなときでも本番の一日前はフリーにするようにしています。なぜなら、海外で学会発表する場合などには、時差で一日は調整が必要なケースもあるからです。そんなときに、前日に必死に準備しているようではもう終わったも同然です。国内でも何が起こるかわかりませんから、少なくとも一日前には準備万端にしておくのが理想です。

8　練習とリハーサル

練習をしておくのは当然ですが、一度は本番と同じ環境でやっておかないと意味がありません。物理的な設備もそうですし、服装もです。何より人前でやるのがいいでしょう。イメージと実際にやるのとでは大違いです。プレゼンが完成するまではいいですが、最後のリハーサルは絶対人前でやるべきです。

コメントもしてもらえるとよりいいでしょう。手厳しい質問は、プレゼンをブラッシュアップする機会にもなります。そこまでしている時間はなくても、少なくとも同じような質問が来た時の対策には役立つはずです。

一人で練習する場合でも、ビデオに撮るとか、緊張感を高める工夫をするといいと思います。しかもビデオに撮ると、自分のどこが足りていないかとか、癖とかが客観的に分析できます。これはぜひやってください。

誰しも緊張する回数を減らしたいのはやまやまでしょうが、本番がいちばん大事です。

練習ではいくら緊張しても、いくら恥をかいてもいいはずです。ですから、恥ずかしい環境ほどラッキーと思ってやることです。後が楽ですから。笑い話ですが、ある学会発表のために私は入念に準備をしていました。友達を集めて練習したり、授業を使って練習させてもらったりと。すると、本番のほうが人が少なくて、おかげでものすごくリラックスできた覚えがあります。

9 衣装を決める

人は見た目が九割だという話は前にしましたが、服装からプレゼンはもう始まっているのです。これも学会だからスーツと決めてかからず、訴えたい内容によって変えてもいいでしょう。決まりがある場合は別ですが。政治家のネクタイと同じです。主張を強く訴えたいとき、彼らは赤いネクタイをしたりします。

ちなみに私もここぞというときは赤いアイテムを身につけます。赤いチーフとか、時には赤いシャツとか。どこかで燃える気持ちを表現したいのです。それで実際に燃えます。闘牛の牛と一緒です。逆に落ち着きたい人はやめたほうがいいと思います。シックな色でまとめたほうが無難でしょう。

個人的にはあのリクルートスーツみたいなのは好きではないのですが、学生がいくつもスーツを買うわけにはいかないので、一つ選ぶならあれになるのでしょう。使いまわしがききますから。インターンシップ、就活の面接、成人式や卒業式等々。でも、あれほど個性を消してしまう服装もありません。いわゆるリクルートスーツを着ている人は皆同じ人に見えるので、覚えてもらいにくいのです。

それゆえに中身で勝負ということになるのでしょうが、やや理想にすぎます。何より、中身がいくらよくても、それが誰の発表だったのか、人物と一致しないという悲劇が起こり得ます。演題を首から下げて歩くわけにもいきませんし。だから多少の目印があったほうがいいと思うわけです。

プレゼンは人前でやるものである以上、服装も見られています。そしてそれは人の印象に大きな影響を与えます。私たちも人を判断するさい、どうしても服装などの外見で判断しがちです。それはよくないことなのかもしれませんが、仕方ないのです。見えるのですから。

ただ、派手な服装は目立っていいですが、そっちに気がいってしまって、プレゼンに集中できないなんてことにならないように注意が必要です。とくに決まりがない場合は、いらぬ心配をしなくていいように、普段から着慣れた服装をお勧めします。いろいろ気を遣うことが多いのに、服装まで気になりだしたら、集中できませんから。かといって、寝間着みたいな恰好《かっこう》でやるのはもちろん避けましょう。

10 体調管理――睡眠、声、表情

私の場合、何より大切な準備は睡眠です。寝ないと力が出ないタイプなのです。にもかかわらず睡眠障害気味なので、いつも睡眠コントロールには気をつけています。大事なプレゼンのさいには、数日前から睡眠時間の調整に入るようにしているのです。

具体的には、運動をして早くベッドに入り、何も考えないようにするというだけです。まず体が疲れていないと眠れません。だから適度な運動をするといいでしょう。それでも、神経が高ぶっているといくら疲れていても眠れません。プレゼンが近いとなるとなおさらでしょう。だから頭を空っぽにする必要があるのです。

これはフランスの哲学者ベルクソンがいっていることですが、何も考えないようにすれば人間は眠れるのです。ただ、それが難しいだけです。だから必死に何も考えないようにするのです。そうするとそのうち眠ってしまいます。

とはいえ、うまくいかないこともありますから、徹夜でもできるくらいに練習しておくほうがいいかもしれません。どんなに長いプレゼンでもせいぜい一時間くらいでしょう。なんとかがんばって、その後ぐっすり寝ればいいのです。

声のケアも大事です。プレゼンは話すのが中心なので、声が出ないとまずいですよね。それに服装と同じで印象も変わってきます。最高の声が出せるように、喉をいたわってください。ミュージカルスターのなかには、公演している期間は筆談で過ごす人もいるようです。まさにプロですね。

プロ意識といえば、顔もそうです。疲れは顔に出ます。もし病気や睡眠不足で顔色が悪いなら、化粧をするのも手です。私も昔就活のさいにやったことがありますが、母親のファンデーションを使ったので、真っ白で逆におかしくなってしまったのを覚えています。男性はとくにファンデーションの色に注意してください。

11　緊張しないための宇宙思考

緊張しないための方法も前に書きましたが、あのニーチェの「この後死のうと思えばいい」というのはさすがに極端だったかもしれません。そこまでは思えない人も多いでしょうから、別のものをご紹介します。それはイギリスの哲学者ラッセルの宇宙思考です。

ラッセルがそう呼んでいるわけではないのですが、私にいわせれば彼の発想は宇宙思考と呼べるということです。というのも、ラッセルは宇宙規模で考えることで、緊張を吹き飛ばしていたからです。世界中の人に向けて熱く語りかけた平和活動家の彼も、昔は講演の前に極度の緊張をしていたそうです。それでなんと足の一本でも折れてくれればやらなくて済むのにと考えていたとか。そんなとき、宇宙の次元で考えれば、自分の講演なんて大したことないと思うことで、リラックスしていたそうです。

これはたしかにそのとおりです。宇宙の歴史に比べれば、私たちの人生は一瞬です。そして宇宙の広さに比べれば、地球でさえちっぽけなものです。ましてや自分のプレゼンなんて。そう考えればいいのです。もちろん私たちの人生は何よりも貴重で、プレゼンも意義あることなのですが、あえてそう考えて相対化するのです。

この方法は別に宇宙でなくても応用できます。宇宙というのが壮大過ぎてピンとこない人は、自分がこれまで経験したいちばん大変なことと比べるとか、これから起こりうる最悪のことと比べてみればいいのです。大けがをしたこととか、大失敗をしたこととか、あるいはこれから事故に遭うよりましだとか思えばいいのです。

12　自信をもつための方法

緊張は克服しても、プレゼンにはさらに自信が求められます。そこで自信をもつための方法についてもお話ししておきたいと思います。先ほど緊張を取り除くために自分のいちばん大変だったことを思い出すという話をしましたが、今度は自分のいちばんすごいところを思い出せばいいのです。

人間は、何かすごいことを成し遂げた瞬間は自信に満ち溢《あふ》れているものです。自分はなんでもできるとさえ思ってしまうのではないでしょうか。ところが、その感覚をすぐに忘れてしまうのです。それでいつもの自信喪失状態に陥ってしまう。とくにプレゼンなど大勝負を前にすると、ダメかもしれないと落ち込むのです。

とするならば、何かうまくいったこと、自分の人生のなかで自分がいちばんすごかった時のことを思い出せばいいのです。これはプレゼンと関係なくてもいいのです。しかも世間の評価もどうでもいい。自分自身が自信をもった経験です。小学校のとき学校の水泳大会で優勝したとか、受験に合格したとか、告白がうまくいったとか、なんでもいいのです。

できれば、そういう経験を常に可視化しておくといいでしょう。そのときの写真を飾るとか、賞状を飾るとか、記念のものを身に付けておくとか。私の場合、最初にテレビの全国放送に出た時の写真です。あのときは緊張しましたし、今から思えば失敗だらけですが、逃げずにやりきったことが自信になっています。

第3章　本番でやること

ここでは本番でやるべきことについてお話ししたいと思います。当日はもうプレゼンをするだけかというとそうでもありません。当日の準備もありますし、本番後やるべきこともあるのです。

1　とにかく落ち着く

当日の朝は余裕をもって家を出ましょう。「そこから?」と思われる方もいらっしゃるかもしれません。でも、間に合わなかったら元も子もありませんから。そしてとにかくやるべきなのは、落ち着くことです。緊張は徐々に高まってきます。そんなときは、朝何を食べたか思い出してください、これは緊張を切断するためです。

緊張というのは、そのことばかり考えて、ほかのことが頭に入ってこない状況です。ですから、強制的にほかのことを考えて、緊張を切断してしまえばいいのです。なぜ朝何を食べたか思い出すのかというと、簡単な質問だからです。複雑なものは答えられません。前の晩何を食べたかだと忘れている可能性もあります。思い出せないというのは、心理的にネガティブな効果を与えるので、よくないのです。「だめだ、思い出せない。自分は緊張している」となってしまいますから。

その点、朝何を食べたかはさすがに覚えているでしょう。仮に何も食べてなくてもいいのです。緊張の切断のためには、何も食べてないなということを思い出すだけで十分です。こうして必ず自分に問いかける事柄を用意しておけば、儀式のように緊張が切断できるようになるはずです。

早めに会場に着いて、会場をよく観察しておくのもいいでしょう。私は昔からいちばんに会場に到着するタイプでした。入学試験だけでなく模擬試験でもそうでした。自分がプレゼンをするようになった今もそうです。会場にギリギリに着いたというのでは、落ち着く暇もありません。余談ですが、海外で発表するとき、複数のキャンパスがあり、自分の会場をまちがえていたことがあります。到着してはじめてわかったのですが、それでもかなり早く到着していたので、余裕で移動することができました。こういうメリットもあるのです。

そして会場をよく知っておくことは、あたかも敵を知るのと同じ感覚で、安心できるものです。誰しもホームグラウンドだと落ち着きます。スポーツでもよくホームだとかアウェイだとかいいますよね。ですから、少しでも会場を自分のものにすることをお勧めします。

また、これをやっておくと、本番でうまく使えることもあります。私もたまにアドリブで会場にあるものを例に使うことがあるのですが、そういうときにすぐに選べるのです。その場にあるものは全部自分の武器にすべきでしょう。

モノだけではありません。人もそうです。司会者と事前に仲良くなっておけば、リラックスした雰囲気で始めることができるに違いありません。たいていは司会者がプレゼンターの紹介をしてくれますから、それに対して一言お礼をいうときに、気の利いたことがいえたりするのです。見知らぬ人にお礼をいうのと、知り合いにお礼をいうのとでは、雰囲気が違ってくるはずです。始まるまでは、会場の硬い雰囲気をいかに柔らかくできるかが勝負なのです。

2 始め良ければ事半ばまで良し、終わり良ければすべて良し

さて、いよいよ本番が始まったときには、第一声（つかみ）に集中してください。始め良ければ事半ばまで良しといいます。カラオケと同じで、最初に声が上ずってしまうと、ずっと調子が狂いっぱなしになってしまいかねません。

それに始まってしまえば、あとは流れに乗ってやれますから、緊張も吹き飛びます。そこまでが大変なのです。ということは、最初の一歩さえきちんと踏み出せばいいわけです。プレゼンは二〇分だとしても、本当に神経を集中しなければならないのは、最初

の三〇秒くらいです。そう思うと気が楽になるのではないでしょうか。もちろんしっかりと練習していることが大前提ですが。そうでないと流れに乗ってスラスラというわけにはいきませんから。

その次に大事なのは最後です。終わり良ければすべて良しというように、最後がうまくいけば、全部よかったかのように思えるからです。聴衆だけでなく、自分自身も。そしてそれは拍手で決まります。

ここでは拍手をもらうための秘訣《ひけつ》についてもお話ししておきましょう。それは、最後の一言に魂を込めることです。いつ終わったのかわからないようなのはだめです。感動的にお礼をいうとかすれば、きっと大きな拍手が起きるはずです。

内緒ですが（といっても本に書いているので内緒にはなりませんが）、必ず拍手を引き出せる裏技があります。それは、「ありがとうございました」といいながら、さりげなく自分が拍手を始めることです。まるで会場全体を讃《たた》えるかのような感じで。すると、拍手が起こります。誰が始めたかなんて皆気づきません。ただ、きっかけとなる最初の拍手が必要なだけです。

日本人はとくにそうなのですが、誰かが拍手をすると皆するのです。逆に誰もしないと、勇気がなくてできません。心のなかではいいなと思っていても、やれないのです。だからきっかけがいるということです。

最後に始まりと終わりの御法度《ごはっと》について。それは時間厳守ということです。いくらつかみがよくても、いくら感動的なセリフで終わっても、時間を守れていないと減点です。採点されるようなものでないとしても、印象は相当悪くなります。

ですから、遅刻するのはもってのほかですが、機材の確認不足等で開始が遅れるようなことのないようにしてください。たいていの発表は時間かつかつで設定してあります。交代時間を計算していないケースも多いです。にもかかわらず、パソコンの接続に手間取っているようだと、みんなに迷惑がかかるからです。雰囲気も悪くなってしまいます。

どうしようもない場合は、スライドよりも時間を優先してください。何もなくてもプレゼンできるようにしておく必要があるのは、こういう事態が起こりうるからです。それでも、動揺してはいけません。最初から想定していれば、動じることもないでしょうが、それ以上にもっとポジティブにとらえるのです。

じつは私もそういう経験があります。どうしてもパソコンが開かないのです。そこで、時間もなくなるので、何もなしでやりました。そういう想定もしてはいましたが、まさか本当にそうなるとは思っていなかったのです。でも、おかげで闘志がわいてきました。こうなったら、スライドを使う以上に盛り上げてやろうという気持ちになったのです。それでいつも以上にはりきって盛り上げ、結果的に成功をおさめることができたというわけです。

ただし、私のようなケースは、本来USBを用意しておいて、他の人のパソコンを借りるとか、事前に主催者にデータを送っておくなどの対策をとることで容易に回避できます。皆さんはこのようなことがないように、周到に準備をして、危機管理を行ってください。それでもどうしてもだめなときは、ポジティブにとらえてがんばるしかないということです。

3　Q&Aを乗り切る最大のコツ

拍手があれば成功ですが、残念ながらプレゼンは自分が一方的に話して終わりではありません。たいていはQ&Aがあります。その質疑をうまく乗り切ってはじめて、成功といえるのです。

まず理想を書きます。質問に対する答え方としては、「弁証法」を使うのがベストです。弁証法というのは、ドイツの哲学者ヘーゲルが提起した哲学の概念なのですが、一般的にも使います。倫理をとっていなかった人でも、現代文で見たことがあるのではないでしょうか？　あるいはビジネスでも使われたりします。それだけ有名でかつ応用がきく概念なのです。それをプレゼンのQ&Aでも使おうというわけです。

まず簡単に説明しますと、弁証法とは、問題が生じたときに、それを克服してさらに一段上のレベルに到達する思考方法のことです。これによって一見相容《い》れない二つの対立する問題について、どちらも切り捨てることなく、よりよい解決法を見出すことがで

〈Q&Aの弁証法〉

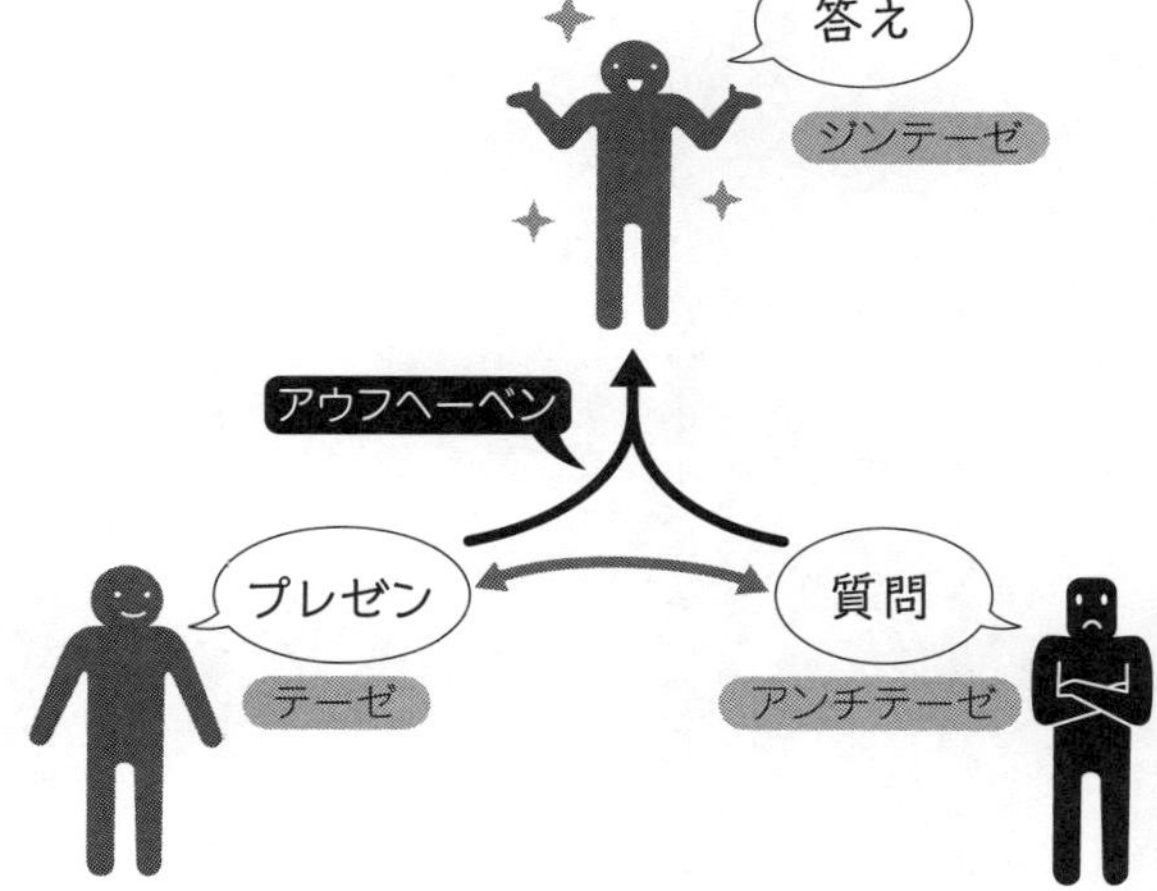

きます。いわば物事を発展させるための論理なのです。

哲学の世界では、そのプロセスは「正、反、合」だとか、ドイツ語で「テーゼ、アンチテーゼ、ジンテーゼ」などと表現されます。あるいはその行為を一言で「止揚《しよう》」もしくはドイツ語で「アウフヘーベン」などと表現することもあります。

つまり、ある物事（正、テーゼ）に対して、それに矛盾することがら、あるいは問題点が存在するような場合に（反、アンチテーゼ）、これらを取り込んで、矛盾や問題を克服し、より完璧な発展した解決法（合、ジンテーゼ）を生み出す（止揚する、アウフヘーベンする）という方法です。

これは単なる二者択一による妥協や折衷案とは違って、もっと前向きな発想です。だから質問に答えるときには最適なのです。自分の考えがテーゼだとしますと、質問で突き付けられた内容はアンチテーゼです。それをただ切り捨てるのでは、いい印象は与えられません。何より自分の考えも発展しないでしょう。

したがって、自分の考えにアンチテーゼを取り込んで、うまく発展させればいいのです。もちろんアウフヘーベンするというのはそう簡単なことではありません。でも、その姿勢を見せることが大事なのです。この発表という貴重な場、とくにQ＆Aという大切な局面を前向きに活用しようとしている姿勢を見せれば、聴衆も納得してくれるはずです。たとえうまくいかなくても。そういう気持ちで答えようとしていれば、もしかしたらその場で本当にうまく弁証法ができて、よりよい考えが生み出されるかもしれません。

以上が理想ですが、今度は現実的な話をします。たとえば、どうしても答えられないことを聞かれたような場合、最悪自分の主張をくりかえしてください。英語でBeat around the bushという表現がありますが、まさにそれを意図的にやるのです。本来は遠回しにいうという意味ですが、意図的に煙に巻くという作戦です。

あるいは、攻撃は最大の防御なりということで、逆に質問をするのもいいでしょう。ただ、あくまで次善の策であることを忘れないでください。

とくに学生の場合、がんばっている姿こそが評価されます。誰も偉大な答えを期待していません。それは大学の先生に任せておけばいいのです。それよりも、一生懸命取り組んできた様子を伝え、その場で一生懸命考えている姿勢を示すことが大事です。ちょっとずるいかもしれませんが、逆にいうとそういう姿勢をいかに見せられるかで、相手の態度も変わってきます。

4　終わった後のフォロー

そうしてなんとか本番を終えても、ホッと一息ついている暇はありません。短い休憩時間に、まず感想を聞いて回るのです。懇親会があればそのときでもいいですが、参加しない人もいますから、質問してくれた人や、普段話せないような人を中心に先に感想を聞いておくといいでしょう。

質問してくれた人にはお礼をいう感じで近寄っていけばいいのです。たとえば著名な人と話す機会はめったにないでしょうから、プレゼンした直後はそれをダシに近寄ればいいでしょう。プレゼンをした人の特権です。

話した直後に意見を聞けるのは貴重です。みんな内容を覚えているでしょうから。そのコメントが次につながるのです。恥ずかしがっていてはいけません。たとえ大失敗しても、逃げ出してはいけないのです。宮本武蔵が「我事において後悔せず」といっているように、後悔など不要です。いるのは反省だけです。次に勝つための。

学生時代のプレゼンが人生のすべてを決することなんてあり得ません。あくまでそれは通過点にすぎないのです。ですから、自分が成長するための糧《かて》にすればいいでしょう。

第Ⅱ部

プレゼンの基本テクニック

第4章　基本テクニックをマスターする

第Ⅱ部では、プレゼンのテクニックについてお話ししていきます。今プレゼンは日々精緻化されています。前に突っ立って話すだけではだめなのです。それは世界的なプレゼンイベントＴＥＤのおかげでもあります。まず第４章で基本的なテクニックについて紹介した後、第５章でそのＴＥＤから学べることについて論じていきたいと思います。

1　全体にかかわる基本テクニック

そもそもプレゼンの大前提は「現前性」でした。目の前でやるということです。したがって、ショーのつもりでやるのがいいでしょう。エンターテイナーになったつもりで、聴衆を喜ばせるようなパフォーマンスをするということです。そういう気持ちになれば、おのずといいプレゼンになります。

その場合、どんなショーもそうですが、つかみが大事です。これによって一気に聴衆を引き込むのです。聴衆が皆さんのプレゼンを楽しみに待ち構えているならまだしも、たいていはアウェイです。授業でも学会発表でも、どちらかというと厳しい目にさらされることのほうが多いでしょう。

だからこそいい雰囲気をつくる必要があるのです。しかもそれは誰もやってくれないので、自分自身でやらねばなりません。始まる前に会場をあたためるわけにもいかないので、始まったら即、できるだけ短時間でいい雰囲気をつくるのです。そのためにつかみが重要になってきます。

後で話しますが、エピソードで人を引き込むのも一つの手ですし、何かパフォーマンス的なことをするのもいいでしょう。ジョークで笑わせたり、聴衆を巻き込んで当事者であることを意識させるのも効果的です。いわゆるオーディエンス・パーティシペーションですね。私の場合、これらを複数組み合わせています。

まずジョーク、そしてオーディエンス・パーティシペーション、さらに場合によってはエピソードといった感じでしょうか。エピソードにジョークを混ぜることもあります。オーディエンス・パーティシペーションといっても、何も大げさなものではなく、たんに挙手してもらうだけでも十分です。「はじめに皆さんにお聞きしたいのですが、〇〇な人、手を挙げてください」というだけのことです。

もちろん以上のつかみは、プレゼンの内容と関係していなければなりません。本題と関係のないジョークやエピソードは浮いてしまいますから。反対に、一見関係なさそうなことにつかみで言及しておきながら、じつは後で本題につながっているという場合は効果絶大です。つかみが伏線になっているわけです。とくに、前日の大きなニュースなど、タイムリーなものをもってくると、いかにもアドリブでやっているような感じが出て引き込まれます。

だから私もプレゼンの二日ほど前からニュースには目を配り、それが自分のプレゼンにつながらないか考えるようにしています。それより前のニュースだともうタイミング的には遅い感じがしますし、当日のニュースだと知らない人も多いので、二日ほど前とか前日くらいが一番いいのです。都合よく大きなニュースがある場合の話ですが。

また、プレゼンの最中はアイコンタクトを忘れないようにしてください。聴衆が何人いようと、数人にアイコンタクトしていれば、他の人も自分に向けて話していると思うものです。これが宙を見て話しているとだめなのです。基本は真ん中あたりの人を見ていればまちがいありません。でも、同じ人ばかり見ていると、ほかの人が疎外感を感じるので、時々右や左に視線を移したほうがいいでしょう。

うなずくのもいいと思います。アイコンタクトとの併用ができれば最高です。目を見てうなずく。それだけで相手は説得されてしまいます。向こうもうなずけば、成功です。同意を求めるときは、時々これをやってください。真剣に話を聴いてうなずいている人を選ぶといいと思います。

そのさいの表情も大事です。基本は笑顔で、話の流れに合わせてメリハリをつけましょう。ずっと笑顔も気持ち悪いですし、仏頂面はもっといけません。ショーだと思えば自然に表情が豊かになると思います。

身体も多少動かしたほうがいいでしょう。聴衆の注意力をそいでしまうほど動きすぎてはいけませんが、ときどき自然に動くのがいいのではないでしょうか。身体の向きを変える程度に。歩くというのもありですが、これも状況によります。ダイナミックなイメージを出したいなら歩けばいいでしょう。

いずれにしても、ジェスチャーは必須です。これこそ人前でプレゼンをする醍醐味《だいごみ》です。「大きな」というときには、手を広げたり、「感動しました」というときには胸に手を当てる。そういう動作が、言葉の威力を倍増させます。

身体は言語の一部だという考え方もあります。目は口ほどに物をいうではないですが、時に身体は言葉を発する以上に雄弁に語ってくれることがあるのです。その効果をうまく使うべきです。指を指したり、首をかしげたり、目を閉じたりと。

中身にかんしていうと、プレゼン全体は前が長い右肩上がりの「への字」になるようにするのがいいでしょう。ショーの構成はそんな感じです。だんだん盛り上がって、ク

〈プレゼンの構成イメージ〉

ライマックスがあって、最後すこし収息して終わる。最後に花火のように打ち上げて大盛り上がりで終わるというのもありますが、お笑いのライブではないので、少し落ち着くのがいいでしょう。

言葉にかんしていうと、キーワードをくりかえすのがポイントです。サブリミナル効果ではないですが、大事なことを印象に残すためです。そのため、ポイントはできるだけ絞るようにしてください。あまりたくさんだと覚えてもらえません。スライドをつくるとしたら、一つのスライドにつき三つくらいがベストです。少なすぎず多すぎずです。

接続詞にも気を配る必要があります。それによって、話の流れがわかりやすくなります。たとえば、「これに対して」といえば反対意見だなと思ってもらえますし、「したがって」といえば、結論だなと思ってもらえますから。

2　人を惹きつけるためのテクニック

プレゼンは聴いてもらえないと意味がありません。そのためには、聴衆を惹《ひ》きつけなければならないのです。一本調子だと眠くなるでしょうから、声の大きさを変えるなどの工夫がいります。大事なところは声を少し張るといったように。

プレゼンで使える武器は限られています。パワーポイントツールが使えないケースもあるでしょうから、最悪は声と身体だけです。その限られた武器を最大限効果的に使う方法を常に考えてください。

言葉は人を魅了します。日本には言霊《ことだま》という表現があります。言葉に宿る霊的な力のことです。その霊的な力があるからこそ、言葉は威力をもつのです。少なくとも私はそう信じています。ある種の言葉は、それ自体が非常に美しいものです。その響きが心を揺さぶります。たとえば私は、「はかない」、「名もなき」、「燦燦《さんさん》と」、「凛《りん》とした」、「願わくは」といったような表現に言霊を感じます。

これは個人差もあるのでしょうが、時には自分が美しいと思う表現を使うと、プレゼンが洗練されます。そして人を惹きつけるのです。その他、ことわざや故事成語をうまく入れるというのも知的な感じがして引き締まります。

タイムリーなネタを入れるのも効果的です。皆急に目が覚めますから。ポーズ（間）をとって、「どうした？」と思わせるのもいいでしょう。溜《た》めた後に大事なことをいうのです。何度もやるとうっとうしいので、これはここぞという一回だけです。

私がいちばんお勧めするのは、笑わせるという方法です。これも前に書きましたが、お笑いのライブで寝ている人はいません。笑うと目が覚めるのです。その前に面白くないといけませんが。ユーモアはどんなにまじめな場でも認められます。それは知性の表れでさえあります。ぜひ事前にウイットに富んだユーモアを準備しておいてください。こちらは数回入れてもいいでしょう。

質問をするというのも相手の関心を惹くいい方法です。質問されると思ったら、うかうか寝ていられません。べつに答えてもらわなくても、「みなさん、○○ですか？」と問いかけるだけで、十分効果があります。聴衆が能動的になるのです。

その意味では、同意を求めるだけでもいいでしょう。「ですよね？」とか英語なら「Right ?」といったように。

その他、何かを引用するとか、たとえ話をするとか、エピソードをはさむのもよく使われるテクニックです。具体的な話には耳を傾けるものだからです。できれば経験談がいいでしょう。人の経験談は聴きたくなるものです。それが失敗談ならいうことなしです。これについては第5章でも具体例を紹介しつつ、再度お話しする予定です。

かなり国語的になりますが、倒置法や逆説法も人をハッとさせる効果があります。

「欲しがりませんは勝つまでは」というのは倒置法ですね。いつ聞いてもインパクトのあるフレーズです。「世界はシンプルだ」というのは逆説法ですね。これも人を引きつけます。ちなみにこのフレーズはベストセラー『嫌われる勇気』（岸見一郎・古賀史健、ダイヤモンド社）の最初に出てくるものです。さすが売れる本はうまいですね。

言葉以外のもう一つの武器である身体については、効果的にジェスチャーを使うということですが、これは気持ちが入れば自然にできるものです。身体は心とつながっています。ですから、身体だけ動かそうと思っても不自然になるだけです。とくに人を惹きつけるためにジェスチャーを使うのなら、まず惹きつけたいという強い気持ちをもつことです。そうすれば、自然に手が広がり、足が動きます。いや、全身が動くはずです。

3　強調のためのテクニック

プレゼンでは話にメリハリをつけるために、大事なポイントを強調することが求められます。そのためのテクニックとしてもっとも簡単なのは、「じつは」「なぜなら」「それは」など、強調するための言葉を効果的に使うことです。ただ、英語でもActuallyを連発する人がいますが、あまり多いと、「最初から本当のことをいってよ」といいたくなるので注意してください。

「このように」「これは」などという時には、画面にそれに対応するものがあれば、実際に指すといいでしょう。ポインターや指示棒を使って。手をそっちのほうに向けるだけでも強調した感じにはなります。この場合、指で指すよりは、よくバスガイドさんが「右手をご覧ください」といって掌《てのひら》を上にして指し示す感じを真似するといいでしょう。

何より、本当に大事な部分ならそういってしまうのも手です。予備校の先生はこれをよくやります。「ここがいちばん重要です」と。自分はプレゼンの内容をよくわかっていますから、どこが重要なのかいうまでもないでしょう。でも、初めて聴いた人にはわからないのです。これくらいはわかるだろうという推測はまちがっています。

それはよく聴いていたら、という仮定のもとにはじめて成り立ちうる推測です。残念ながらよく聴いている人は数割です。少なくとも全員ではありません。それによく聴いていたとしても、理解度や知識が異なるわけですから、こっちの予想通りに伝わっているなんてことはめったにないと思ったほうがいいでしょう。これは大学で授業をやっているとよくわかります。話したはず、わかったはずと思っていても、実際には皆理解してくれていません。

だから復習が大事になってくるわけですし、試験前に再度勉強するのです。全部覚えていたら、試験勉強なんていらないでしょう。

これではまるで聴く人の能力が低かったり、聴く態度が怠慢だと非難しているかのように思われてしまうかもしれませんが、決してそうではありません。なかにはそういう人もいますが、誤解を招かないように、もうすこし補足しておきましょう。話を聴くテクニックにも関係してきますので。つまり、人間は皆そうだといいたいのです。人の話を聴くとき、私たちは頭を働かせます。でも、その働かせ方が人によって異なるのです。

プレゼンを聴く場合、その話を理解しようとして聴くのはもちろんですが、それでも人間の頭には志向性があって、入ってきた情報を誰もが同じように受けとり、処理するのではありません。それぞれの志向性に基づいて、好き勝手に受けとり、好き勝手に処理するのです。なぜなら、その時々で関心のあることが異なりますから、その関心のあることに引きつけて情報を処理しようとするわけです。

簡単にいうと、興味や関心に応じて必要な情報をとり入れ、それについて考えるということをしがちなのです。たとえば、同じようにクリスマスの話を聴いても、子どもならもらうプレゼントのことを考えるでしょうし、食べ物に興味のある人は何を食べるか考えるかもしれません。あるいは恋人との過ごし方を考える人もいるでしょう。そんなふうに、自分の関心に応じた聴き方をしてしまうということです。

だからこそ、話し手のほうは、自分の求める関心に聴衆を引っ張ってこないといけないのです。それが強調のためのテクニックだといえます。逆に、話を聴くほうは、できるだけ自分の関心を捨象して、素直に相手のいいたいことに集中するよう意識すべきでしょう。それが聴く側のテクニックです。

さて、中身でいうと、何かを諳《そら》んじるとかして圧倒するのもテクニックの一つです。シェイクスピアの一節を諳んじるとか、長い数字を羅列するとか。これは一種のサプライズです。そう、サプライズを用意するとその部分は自然に強調されます。話にメリハリが出るのです。ほかにも、意外な事実を出すとか、動画などのビジュアル的なものを出すとか、音楽を流すとかいう手もあるでしょう。

それとは別にクライマックスがあることも重要です。全体は前の長い「へ」の字になるようにといいましたが、への字の山の部分がいるのです。もちろんそれは一番いいたいこと、結論ということになるわけです。前にプレゼンは演繹《えんえき》的にといいました。ですから、最初に結論を話しているはずなので、いまさらと思われるかもしれません。でも、なんの前提もなく結論だけ話しても、そのときは感動はないはずです。

しかし、論証を重ねることで、ようやくそこにたどり着くと、「なるほど」と納得してもらえるのです。数学の証明もそうですよね。どうなるか結論はわかっている。それをきれいに論証するから、意味があるのです。ちょうど数学の証明の例を出したので、これを使ってクライマックスのイメージを説明しましょう。

クライマックスは別に結論である必要はないのです。数学の証明でいうと、大事なところで意外な公式を用いるとか、補助線を引くことで意外な関係性が見えてくるとか、そういった重要な展開の部分が山場になるわけです。

プレゼンでも、結論に至る話の途中で、前提と結論を結びつけることになる重要な部分というのは必ずあるはずです。そこを強調するといいでしょう。たとえば実験でいうと、「まさか」という変化が起こった瞬間とか、失敗が成功につながった瞬間とか、あるいはアンケート調査をしたところ、意外なことが判明した瞬間とかを、効果的に描写すればいいのです。

そして最後は、プレゼンが完全に落ち着いてしまわないように、パンチライン（オチ）を用意します。オチといっても、落語ではないですから、笑いで終わるという意味ではありません。話をうまく収束させるということです。そのうえで感動的に終わればもう完璧です。いかにも希望につながるように、前向きな表現が望ましいでしょう。たとえば、何か自分が取り組んでいる活動についてのプレゼンなら、「世界を変えましょう」とか「一緒にやりましょう」とかいうふうに。

4 英語でやる場合のテクニック

以上に述べたことは、英語でやるプレゼンにも当てはまるわけですが、とくに英語の場合に注意すべきことをお話ししておきます。

なんといってもネイティブじゃない限りは、日本語以上に事前準備が鍵を握ります。とりわけ正しい英語で書かれたスライドと、スピーチドラフトを用意しなければなりません。これは当たり前のようですが、なかなかできていません。

おそらく手を抜いているのではなくて、そのこと自体に気づいていないのだと思います。これまでの日本の英語教育では、英語でスライドをつくったり、スピーチをきちんとすることを教えていないので、慣れていないのです。

だから国際会議などでも、日本人の英語はひどいといわれてしまうのです。少なくともスライドの箇条書きは私たちの慣れ親しんだ英作文と違うことを認識しなければなりません。もっと省略された文章なのです。必ずしも主語や動詞があってピリオドで終わる文章だけではありません。

次に、スピーチドラフトも、独特の言い回しがありますし、何よりイキイキした文章にしなければなりません。最重要なのは発音です。これは練習のさいに入念にやっていただきたいのですが、中学一年生レベルの単語でも、発音記号をちゃんと調べて、正確にフォニックスを発音する必要があります。残念ながら、そうでないと伝わらないのです。

フォニックスを無視して、たとえば「a」は全部日本語の「ア」と発音していては、悪名高き「ジャパニーズイングリッシュ」になってしまいます。「apple」は「アップル」ではなくて、あえて表記するなら「エポ」というふうに聞こえるはずの単語です。全単語をチェックし直すくらいの準備をしたほうがいいでしょう。大変ですが、次からが楽になります。

国際会議に行くと、たしかにみんながネイティブではないので、なまった英語ばかりです。ただ、それでいいと開き直っていてはいつまでたっても伸びません。グロービッシュ（グローバル・イングリッシュ）などという表現もありますが、英語は元々イギリスの言語ですし、今はアメリカの英語が標準になってきています。なぜならかつてはイギリスが世界を牛耳り、今はアメリカが牛耳っているからです。ですから、ノンネイティブだからといって臆する必要はまったくありませんが、開き直って向上のための努力をしないのはよくないでしょう。

その証拠に、日本人なのにちゃんとしたイギリス英語の発音やアメリカ英語の発音ができると、ネイティブからも「ほかのやつとは違う」と褒められますし、他のノンネイティブの人たちからも「英語がうまい」といわれます。彼らだって本当はネイティブみたいに話したいのです。でも、どうしても訛《なま》りがとれないだけなのです。

こんなふうに偉そうに書いていますが、私も別に海外に長く住んでいたわけでもなく、海外の大学を出たわけでもありません。でも、フォニックスはじめ発音の勉強だけは一生懸命やりました。その結果、ネイティブからも「アメリカの大学を出たのか？」とかいわれることがあります。そして一目置かれるのです。

言語だけでなく、プレゼンのさい求められる態度も、日本語の場合とすこし異なってきます。わかりやすくいうなら、多少自信過剰気味に、胸を張って、会場を見渡すようなぐらいがちょうどいいのです。そしてジェスチャーを多めにします。オーバーリアクション気味に。これは文化の違いです。英語という言語は、そういう態度と不可分なのです。口を大きく開けないとうまく発音できないように、胸を張って手を動かさないと、それっぽくならないのです。

以下では、プレゼンに使える表現を厳選して紹介しておきます。ぜひ参考にしてください。もちろんいずれもいくつかのバリエーションがあるわけですが、もっとも標準的なものを選んでいます。英語の教科書ではないので、いくつもあるとどれを使ったらいいか迷うと思います。まずはこれを完全にマスターして、余裕があれば英語の教材でバリエーションを増やせばいいでしょう。

英語でのプレゼンに使える表現20

① ご丁寧に紹介いただき、ありがとうございます。

◆ Thank you for the kind introduction.
（紹介された後、司会者への最初の一言。学会発表等ではこのパターンが多いです。）

② 本日は皆さんにお話しできる機会をいただけて光栄です。

◆ It's a great honor to be able to speak to you today. （聴衆に向けての最初の一言です。ただし、問いかけで始まるプレゼンもありますし、堅苦しくないプレゼンならいきなりエピソードを語り出したりしたほうがよりイキイキしたものになるでしょう。）

※状況によっては、「本日はお集まりいただき、ありがとうございます（I'd like to thank you all for coming today.）」といってもいいでしょう。あるいは上のあいさつにこれを付け加えてもいいでしょう。

③ 本日は～についてお話ししたいと思います。

◆ Today, I'd like to talk about ～ （最初にテーマやトピックを伝えるときに使います。）

例文 今日は環境問題についてお話し

したいと思います。

Today, I'd like to talk about the environmental issues.

④ ～についてご説明したいと思います。

◆I'd like to explain ～

例文　この図について詳しく説明したいと思います。

I'd like to explain this chart fully.

※すこしだけくだけたニュアンスを出したいなら、Let me explain ～となります。

⑤ はじめに～、次に～、３番目に～、最後に～

◆First ～ , second ～ , third ～ , and finally ～

（いくつかの項目を順番に話していくときに使います。）

例文　はじめに日本について、次にアメリカについて、３番目に中国について、最後に世界全体についてお話しします。

First I will talk about Japan, second the U.S.A., third China, and finally the whole world.

※４つ以上になると、No.1, No.2……といったようにたんに数字を挙げていったほうがいいでしょう。

⑥ 次に～に移りたいと思います。

◆Let's move on to ～（次のスライドや話題に移るときに使います。）

例文 次の問題に移りましょう。
Let's move on to the next problem.

⑦ ～は次の通りです。

◆～ is as follows:（詳しい内容は個別に説明せず、情報を見せるだけで済ますようなときにも使えます。コロンの後に詳細を書きます。）

例文 具体的な場所は次の通りです。
Concrete locations are as follows: Tokyo, Osaka, Nagoya ～
※～ is the following: も同じです。

⑧ 理由は～です。

◆The reason is that ～（前に話した内容の理由を後から述べるときに使います。）

例文 理由は、日本にニーズがないためです。
The reason is that no one demands it in Japan.
※「～の理由は」というときに、「～」の部分に文

章が入る場合は、The reason why ～ is that となります。

⑨ ～をご覧ください。

◆ **Take a look at ～**（資料やスライドを見てもらいたいときに使います。命令形のように見えますが、このフレーズでは please はつけないほうが自然です。）

例文 （スライドの）右上の写真をご覧ください。

Take a look at the picture in the upper right corner.

※ Take a closer look at ～（～に注目してください）もよく使います。

⑩ このグラフは～を示しています。

◆ **This graph shows us that ～**（グラフの内容を説明するときに使います。）

例文 このグラフは、貧富の差があることを表しています。

This graph shows us that there is an economic gap.

※ From this graph, we can see ～（このグラフからは～がわかります）という表現もよく使います。

⑪ ご覧の通り～

◆As you can see, ～（何かを示しながら話すときに使います。）

例文 ご覧の通り、観光客の数は増えています。

As you can see, the number of tourists is increasing.

⑫ 一つは～、もう一つは～です。

◆One is ～, the other is ～（二つのものを説明するときに使います。）

例文 二つのものが必要です。一つは知識、もう一つは勇気です。

We need two things. One is knowledge, the other is courage.

⑬ これまで～

◆Up to here ～（話を途中でいったんまとめるときや、次の話題に入る前に使います。）

例文 これまで私たちの政策について話をしてきました。

Up to here, I have talked about our policy.

※ Up to this point, Up till now, Thus far, So far といった表現も同じです。

⑭ ～をはっきりさせておきましょう。

◆Let me clarify ～（明確にしておきたい点があるときに使います。）

例文　ここで私の立場をはっきりさせておきましょう。
Let me clarify my stance here.

⑮ 対照的に～

◆In contrast, ～（比較するものがあるときに使います。）

例文　対照的に、日本では人口が減っています。
In contrast, the population in Japan is decreasing.

⑯ ～だと仮定してみてください。

◆Suppose ～（仮定の状況を想定してもらうときに使います。）

例文　私たちみんなが移民だと仮定してみてください。

Suppose we all were immigrants.
※ What if ～, Let's say ～, Imagine ～という表現も使えます。

⑰ ～を強調しておきたいと思います。
◆ I'd like to emphasize ～（強調したいときに使います。）

例文 この側面が非常に重要であるということを強調しておきたいと思います。
I'd like to emphasize that this aspect is very important.
※少しだけくだけたニュアンスを出したいなら、Let me emphasize ～となります。

⑱ 私の提案は～です。
◆ My suggestion is that ～（何か提案を行うときに使います。）

例文 私の提案は、グローバル社会という発想について吟味すべきだということです。
My suggestion is that we should examine the idea of the global society.
※ I would argue that ～という表現も使えます。少し強めに主張したいなら、So we need to ～

（だから〜する必要があるんです）といってもいいでしょう。

⑲ まとめますと……

◆In conclusion, 〜（まとめるときに使います。）

例文 まとめますと、古典を読むのは重要だということです。

In conclusion, reading classic books is important.

※ To conclude とか To summarize といった表現も同じです。

⑳ ご清聴ありがとうございました。

◆Thank you for listening.（最後の締めくくりに使う言葉です。）

5 シーン別テクニック

授業や卒業研究の発表でのプレゼン——これが基本

学生の場合、授業のなかでプレゼンするというのがいちばん多いと思います。そこでこれを基本形としておきたいと思います。ポイントは、元気にかつ謙虚にやることです。最初に「元気に」と書いたのには理由があります。

日本の学生は人前での発表に慣れていません。だからどうしても自信なさげで、声が小さくなる。そもそもそこが問題なのです。ですから、元気がいいだけでいいプレゼンに見えます。ビジネスのプレゼンは皆元気よくやっています。そうでないと、自分の会社の商品に自信がないように見えてしまうからです。これをテクニックと呼ぶのも躊躇《ちゆうちよ》しますが、まずはそこに気をつけてください。

次に、「謙虚に」と書いたのは、それでもやはり学生ですから、偉そうぶるのはよくありません。これは大学の先生にもいえることです。偉そうであることは決していいことではないのです。人間は神様ではありませんから、まちがいも犯しますし、知らないこともあるはずです。ですから、ある程度謙虚でないと、尊大な態度はいい印象を与えません。自信と謙虚さのバランスをとることが必要です。

ここで、授業や卒業研究の発表を行う場合の簡単な構成イメージをお示ししておきます。何を学んだか内容によって変わってきますが、基本的には研究をしているわけですから、以下のような七つのステップになると思います。

①趣旨（何をやったのか、動機）
②背景（研究の背景、先行研究）
③仮説（発表したいこと）
④研究の方法（仮説の検証方法）
⑤仮説の検証プロセス（データの分析、文献の解釈、プロトタイプの評価等）

⑥考察結果（検証結果）
⑦結論（まとめ、提案、今後の課題）

以上の七つのステップは、そのまま一枚ずつスライドにしてもいいくらいです。⑤の検証プロセスは、図表等が入るでしょうから、二、三枚いるかもしれませんが。いずれにしても大量のスライドをどんどんめくっていくようなプレゼンはやめたほうがいいでしょう。落ち着いて話を聴けませんから。あくまで話がメインです。

学会発表でのプレゼン——作法に従って話す

学会発表でのプレゼンは、基本的に作法に則って行っていればまちがいありません。論文の投稿と同じで、その学会ごとに取り決めがあるのです。とはいえ、どの学会にも共通する作法と、個別の学会に特有の作法があるので、その点には注意が必要です。

ここではどの学会にも共通する話をしておきます。個別の学会での作法は、それをマスターした後、一度参加して自分の目で確認してくるのがいいでしょう。そのうえで発表することをお勧めします。

まず学生にとっての学会発表の意義を確認しておきます。常にそこに立ち返ってもらえば、何をどうすればいいのかわかると思うからです。一言でいうと、それは「自分を売り込む場」です。学外の同じ分野の先生や仲間から、こんな研究をしている学生がいると知ってもらうことが主たる目的だと思うのです。

そうすることで、情報をもらえたり、研究グループ等に誘ってもらえたり、あるいは大学院や研究所などの進路が開けていく場合があります。基本的には大学院生や若手の研究者も同じでしょう。

その意味では、自分を売り込むといっても尊大な態度はNGです。前にも書きましたが、自信と謙虚さのバランスが必要なのです。とくに注意しなければならないのは、知識の取り扱いです。自分の意見や研究成果のすごさについては、多少自信過剰気味でもいいかもしれませんが、知識については謙虚でなければなりません。つまり、自分はこんなことを知っているとか、あなたはこんなことも知らないのかとかいった態度をとってはいけないのです。

学会に参加する人はその分野の専門家であることが多いですが、専門というのはそんなに幅の広いものではありません。少し違えば素人みたいなものです。ですから、当然知っているでしょうという態度はよくないのです。実際、それでは聴衆は話についてこられません。かといって、基本的なことの説明に時間をかけるのももったいないですから、そのへんのバランスをほどよくできているのが、いい学会発表のポイントでもあるのです。

質問への対応もそうです。自分を売り込む場だと思うと、ついこてんぱんにやられないようにと、防御しがちなのです。ただ、それだと逃げているように見えますし、何よりせっかくの他者の視点をもらいそこねます。人の意見、しかも専門家のコメントは貴重です。自分の研究を発展させるためにも、謙虚に受け入れることです。そういう気持ちで答えていれば、別にやられているようには見えないはずです。

これに関連しますが、発表が終わってからはさらに謙虚にならねばなりません。できるだけ多くの人から意見をもらうように努めましょう。質疑といっても一〇分程度ですから、そこでもらえるコメントの数は限られています。休憩時間や懇親会の場を利用して、積極的に話しかけ、感想を聞くのです。できれば名刺交換をし、その後お礼のメールを送るとなおいいでしょう。関連情報をもらえることもありますから。忘れないうちに自分で反省点や改善点をメモしておくことも大事です。

ところで、学会の場合、とくに学生の場合は「ポスター発表」というかたちでのプレゼンをすることも多いです。それについてすこしお話ししておきます。ポスター発表とは、研究成果をまとめたポスターのようなものを貼って、興味をもってくれた人に個別に説明するタイプのプレゼンです。

一般には、ある程度大きな会場で、複数の発表者がそれぞれの研究成果をポスターにして掲示し、参加者はそのうちの興味のある研究の前に集まって発表を聴くことになります。そのため、皆一定の時間内に複数の発表者のたくさんのポスターをはしごするかたちになります。

発表者の側も、いつ誰が来るかわからないので、ポスターの横に立って待っています。そして、ある程度まとまった数になったら開始し、質疑応答で終わるというサイクルを何度かくりかえします。たとえ一人しかいなくても、ほかの人が来そうになかったら始めてもいいでしょう。興味のありそうな人には、「ご説明いたしましょうか?」などと、声をかけてもいいかもしれません。

いずれにしても急に始めるのではなく、「それではただいまより説明をさせていただきます。一〇分ほど説明してご質問を承りたいと思います」などといってからやるといいでしょう。

必然的に少人数を相手にすることになるので、フレキシブルに対応できるのがメリットです。型にはまらず、自然な感じで説明すればいいでしょう。まさに対話するような感じで。何回もやるのは大変ですが、回数を重ねるごとにうまくなっていきます。

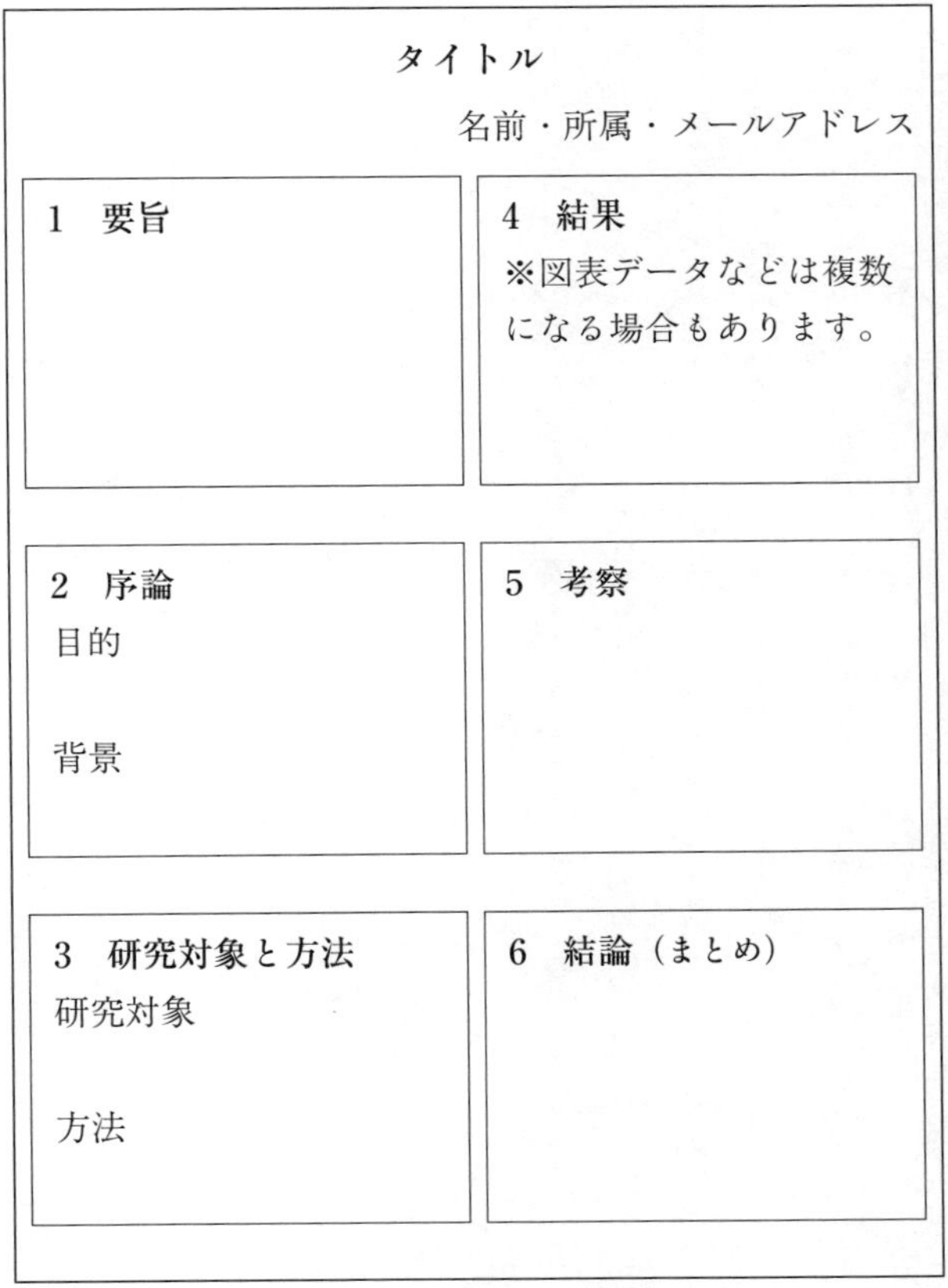

※A0 サイズの用紙に A4 サイズ程度の資料を並べていきます。各項目複数枚になってもいいですが、あまり多いと一つひとつの資料が小さくなるので見にくいと思います。8 枚から 16 枚くらいがちょうどいいのではないでしょうか。

なお、プレゼンの構成については、基本的には授業や卒業研究の発表でのプレゼンのところで書いたことが当てはまります。ただ、ポスター発表の典型的なパターンというのもありますので、イメージを前ページに示しました。

イベントでのプレゼン――クリエイティブにパフォーマンスする

イベントでのプレゼンは、まさにプレゼンを楽しめる最高のシーンだといえます。なぜなら、自由にやれるからです。プレゼンがショーやパフォーマンスとしての要素をもつ以上、本来は自由にやれてしかるべきなのです。

ただ、シーンによってさまざまなルールや慣行があるため、どうしてもそういうわけにはいかなくなります。その制約から解き放たれる場こそがイベントでのプレゼンなのです。TEDのプレゼンがその典型でしょう。

TEDはプレゼンの技を競う祭典のようなものです。したがって、クリエイティブであればあるほど高く評価されます。テーマに結びついていれば、踊ったり歌ったりしてもいいわけです。ほかにも、大学生はよく自分たちの主張やアイデアを披露するためのプレゼンイベントを開催していますが、そういう場は自己表現の場にもなっているように感じます。

あるいは、学園祭でもチャリティイベントでもなんでも、人前で企画について説明したりするのは立派なプレゼンです。ぜひそういう機会を積極的に活用して、場慣れしていけばいいでしょう。

授業や学会発表でのプレゼンとは打って変わって、そういう場ではとにかく既存のスタイルから飛び出すことを優先的に考えるようにしてください。

今挙げたいくつかの例のように、このパターンには、自分の活動やアイデアを披露するといったものや、活動の支援を求めるためのものがあります。いずれにしても、自分自身や活動をＰＲするのが最大の目的になってきます。だからどんな手を尽くしてでも、ＰＲすればいいのです。

ビジネスでのプレゼン――目的至上主義

最後にビジネスでのプレゼンについてもお話ししておきたいと思います。本書を手にとってくださっている方のほとんどが、まだ大学生あるいは高校生だと思います。そういう読者を想定して書いているのですが、それでもなかには社会人もおられるでしょうし、また何より大学生もすぐに社会人になるでしょう。

その意味で、ビジネスを想定したプレゼンを知っておく必要があるといえます。仕事は生涯やる時代です。その意味で、ビジネスシーンで求められるプレゼンは一生使えると思ってください。

とはいえ、じつは学生に求められるプレゼンとそう大きな違いはありません。ですから、学生時代に学んだプレゼンはそのまま仕事に使えるのです。一つ違いがあるとすれば、それは目的の部分です。学生のプレゼンは成績のためだとか、研究成果の披露のためというのが主目的でしょう。しかし、ビジネスのプレゼンだと、たとえば商品を売ることが目的になったりします。その場合、商品が売れなければ、どんなにいいプレゼンをしても意味がないのです。あるいは企画を通したり、契約をとりつけたりするためのプレゼンであれば、その結果を出さなければ、意味がありません。

手段としてのプレゼンの意義が一層大きくなるわけです。つまり、より目的を意識したプレゼンをする必要があるということです。いわば目的至上主義です。その意味で、売り込みを意識した前のめりのトークが求められるといっていいでしょう。具体的には、すでに紹介した強調などの技を多めにかつより誇張して用いるといいでしょう。

6 スライドの作り方

いずれのシーンにも共通するスライド作成の注意点をいくつかご紹介しておきます。日ごろの経験から、とくに学生がやりがちな点を指摘しておきます。

①フォントは大きめにしてください。パワーポイントなら標題は四〇ポイント以上、本文は三二ポイント以上がお勧めです。三二より小さいと、教室の後ろのほうからは見

えにくくなります。

②書体は、見えやすさを重視すると、ゴシック体の黒字がいいです。

③キーワードや重要な箇所は下線を引くなどして強調するといいでしょう。

④一枚のスライドにたくさんの情報を詰め込んではいけません。三～五くらいのポイントを箇条書きにするのが理想です。読む文章をそのまま載せてはいけません。パッと見てスライドが文字で埋まっている感じがすると、それだけで悪印象です。「こんなの読めない」と思われてしまうからです。こっちは読んでもらうつもりでなくても、前に映し出されると、聴衆は読めといわれているように受け取るのです。

ですから、余分な情報を載せるのはやめましょう。必要最小限でいいのです。時々、わかりにくいものを載せて、「ちょっとわかりにくいのですが」とわざわざいう人がいます。聴いている側からすると、「それならわかりやすいものを載せてよ」とか「それなら載せないでよ」といいたくなります。プレゼンをわかりやすくするための手段が、逆に理解の妨げになってしまっては元も子もありません。

⑤図やグラフも細かいものは見えません。論文に載せたものをそのまま貼りつけると読めないので、遠くからでも見える簡略化したものにつくり替える必要があります。図は簡略化しておいて、中身は口頭で補足すればいいのです。ここでは正確さよりも、まずイメージを視覚的に伝えるのが目的だと思ってください。

ちなみに、言葉で説明するよりも百聞は一見に如《し》かずで、図で表現したほうがわかりやすいこともあります。その場合は、積極的に図にして、それを言葉で補足するというようにしたらいいでしょう。

本当は、どんな言葉も図で表現することが可能です。ですからどっちがいいかで判断すればいいのです。言葉がいいのか、図がいいのか。あるいは両方か。その点で、オーストラリアの哲学者、オットー・ノイラートの『ISOTYPE（アイソタイプ）』（永原康史監訳、牧尾晴喜訳、ビー・エヌ・エヌ新社）は、図と言葉の関係及びその可能性を考えさせられる刺激的な本です。機会があったら一度チェックしてみてください。スライドの図をつくるときのヒントになると思います。

ちなみにISOTYPEというのは、International System of Typographic Picture Education の略で、「図説言語表記教育の国際システム」と訳されています。つまり、言語を理解するための図ということです。誰でもわかる図に言葉を組み合わせれば、容易にその言葉の意味がわかります。そうして図を媒介にすれば、世界中で同じ言語が共有できるという発想です。でも、なんでもかんでもわかりやすい図にすることはできるのでしょうか？

私もそこが疑問だったのですが、どうやらなんでも五秒でわかるくらいの図にすることができるようです。その名もずばり『5秒でわかる!!! よのなか小事典』（野崎武夫翻訳＋日本版編集、辰巳出版）がそれを実証しています。こちらはH－57というミラノを拠点に活動するデザインスタジオのメンバーがつくったものです。この本では「南北戦争」や「世界同時不況」といった歴史的出来事や、「進化論」などの学説、あるいは「ガンディー」や「ピカソ」などの有名な人物をみごとに一目でわかる図で表現しています。

〈プレゼンのISOTYPE〉

世界同時不況であれば、お札がつながっていて、だんだん模様が消えていきます。最後は真っ白になって、なんとトイレットペーパーにつながっているという感じです。なるほどですよね。それこそ百聞は一見に如かずで、ぜひご自身の目でたしかめてみてください。

⑥せっかくのビジュアルのためのツールですから、写真をたくさん使うといいでしょう。ただし、写真の権利関係に注意してください。

⑦アニメーション機能は使い過ぎないようにしましょう。派手でないもの

をたまに使うくらいで十分です。

⑧スピーチに合わせてスライドが変わるように工夫しましょう。アニメーションも同じです。スピーチに合わせて文字が現われるようにしてください。

⑨スライドの数は三分で一枚くらいがいいでしょう。二〇分のプレゼンなら、せいぜい一〇枚程度です。

とくに初心者は、冒頭のあいさつや小ネタなどをはじめとしたすべての原稿を、一度書いて練習するのも一つの手です。そのさい、一分間に話せる文字量は二五〇文字くらいを目安にしましょう。実際になんでもいいので、二五〇字を一分間で読む練習を何度かしてみるとわかると思います。あえてわかりやすくいうと、深夜のテレビショッピングで商品説明をしている人が話すくらいのスピードです。ただし、適宜間を置いたりするので、二〇分のプレゼンの場合、二五〇字×二〇分＝五〇〇〇字になるわけではありません。むしろその半分から七割くらいになると思ったほうがいいでしょう。

⑩スライドはあくまでスピーチを補う補助的な情報ですから、そちらが主にならない

ようにしましょう。
⑪スライドを読むだけのプレゼンはやめましょう。
⑫最後に出典を入れましょう。

プレゼンが初めてという方にイメージをつかんでいただくために、一つサンプルをお示しします。これは私が実際にやったことのあるプレゼンをすこし改良したものです。イベントでのプレゼンに近いと思います。上がスライド、下がそれに合わせた原稿です。

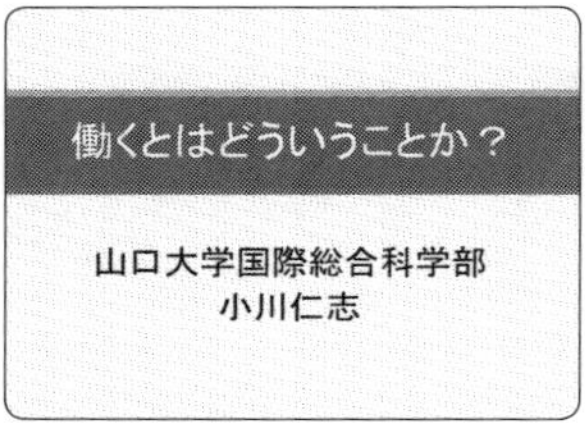
働くとはどういうことか?
山口大学国際総合科学部
小川仁志

スライド①

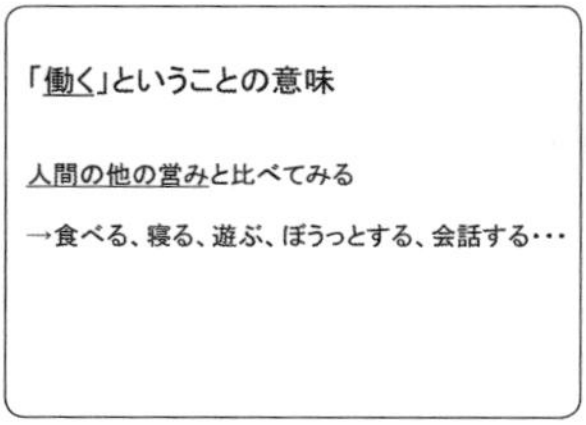
「働く」ということの意味
人間の他の営みと比べてみる
→食べる、寝る、遊ぶ、ぼうっとする、会話する・・・

スライド②

働くとはどういうことか?

みなさん、「働く」ってどんなイメージでしょうか?

きついとか面白くないとか、逆に楽しいとか、おそらく人によってイメージはさまざまだと思います。そこで、まずは「働く」ということの意味から考えてみたいと思います。

他の人間の営みと比べてみるとどうでしょう? こんな感じではないでしょうか。食べる、寝る、遊ぶ、ぼうっとする、会話する……。

では、「働く」ということが他の営みと異なる点は?

「働く」ということが他の営みと異なる点

・対価をもらえる
・必ずしも自発的な行為とはいえない
・社会に強制されている
・社会の制度と自分の自由との関係で決まってくる
・雇用関係、権力関係が生じる
・義務が生じる
・責任が生じる
・死ぬまでやり続けるわけではない

スライド③

働くという営みにも種類があるのでは？

・有償か無償か
・正規社員か非正規社員か
・知的労働か肉体労働か
・一般職か専門職か
・昼間勤務か夜勤か
・雇用者か被雇用者かフリーランスか
・国内勤務か海外勤務か

スライド④

対価をもらえる、必ずしも自発的な行為とはいえない、社会に強制されている。勤労の義務だとか、働かざる者食うべからずなんていいますもんね。そして、社会の制度に左右される、社会の制度と自分の自由との関係で決まってくる、雇用関係や権力関係が生じる、義務が生じる、責任が生じる、死ぬまでやり続けるわけではない。

とはいえ、一口に働くといっても、それにはいろんな種類があります。たとえば、有償か無償か、正規社員か非正規社員か、知的労働か肉体労働か、一般職か専門職か、昼間勤務か夜勤か、雇用者か被雇用者かフリーランスか、国内勤務か海外勤務か……というふうに。

このように、働くということにはある種の強制の契機が働き、自分の自由にはならない部分があります。また、他

どんな働き方がいいのか？

エリック・ホッファー（沖仲仕の哲学者）

→自由、閑暇、健康、収入のバランスがいい
仕事を決める

スライド⑤

なぜ働くのか？―何を一番重視するか

・生きるため
・お金を稼ぐため
・社会貢献
・人の役に立つ
・生きがい
・楽しむ
・暇つぶし
・承認を得られる

スライド⑥

方で雇用形態にもさまざまなものがあるのです。そのなかには不安定な立場も含まれます。だからこそ、今働き方改革が問題になっているのです。

そこでは、裁量労働制のあり方や、ワークライフバランスのとり方が議論されています。では、いったいどんな働き方をするのが理想的なのでしょうか？

ここでご紹介したいのは、エリック・ホッファーというアメリカの哲学者です。ホッファーは、沖仲仕《おきなかし》の哲学者とも呼ばれるユニークな人で、生涯港湾労働者として働きながら、同時に哲学者としても活躍した人物です。その彼にいわせると、いい仕事とは、自由、閑暇、健康、収入のバランスがとれているものだといいます。

つまり、ホッファーにとっては、自由な時間をとれるこ

もしAIに仕事を奪われたらどうしますか？

スライド⑦

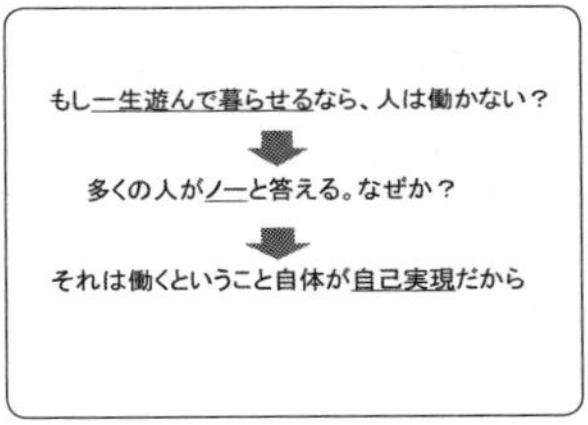
もし一生遊んで暮らせるなら、人は働かない？
多くの人がノーと答える。なぜか？
それは働くということ自体が自己実現だから

スライド⑧

とこそが大事なポイントだったようです。皆さんはどうでしょうか？　何をいちばん重視しますか？　生きるためでしょうか、それともお金を稼ぐため？　社会貢献や人の役に立つということも目的になりうるでしょう。なかには、生きがいだとか、楽しむことをいちばんに挙げる人もいますね。哲学者のなかには、暇つぶしのために働くのだといっている人もいます。また、承認を得られるからだという人もいます。

　これはある思考実験をしてみればわかります。もしＡＩがすべての仕事をしてくれるようになって、人間は遊んで暮らせるとしたらどうか考えてみるのです。それでも自分は働きたいと思うかどうか。もしそうなら、いったいなぜなのか。皆さんはどうですか？　ちょっと手を挙げてみて

自己実現を感じられない場合は？

気持ちを合わせるか、仕事を合わせるかのいずれかしかない

スライド⑨

仕事あるいは気持ちの合わせ方

①仕事を合わせる場合
・転職する
・新しい仕事をつくる

②気持ちを合わせる場合
・それが自己実現だと思い込む
・そこに別の意義を見出す

スライド⑩

ください。それなら働かないという人は？　反対にそれでも働くという人は？

じつは、多くの人がそれでも働くと答えます。なぜか？　一言でいうと、それは働くということ自体が自己実現としての側面を有しているからです。つまり、働くこと自体が目的なのです。自分のやりたいことだということです。仕事には、ある程度そういう自己実現の側面があって、多くの人はそのために働いているともいえるわけです。

ここで一つ問題が生じます。自己実現を感じることができない仕事をしている人はどうすればいいのでしょうか？　その場合は気持ちを合わせるか、仕事を合わせるかのいずれかしかないと思います。さて、どうやって合わせるか？　大きくわけて二つ考えられるでしょう。一つ目は仕事を

「ハタラク」から「ジタラク」へ

ジタラクとは自他楽
→自分と他者を楽にしつつ、自分も他者も楽しむ

スライド⑪

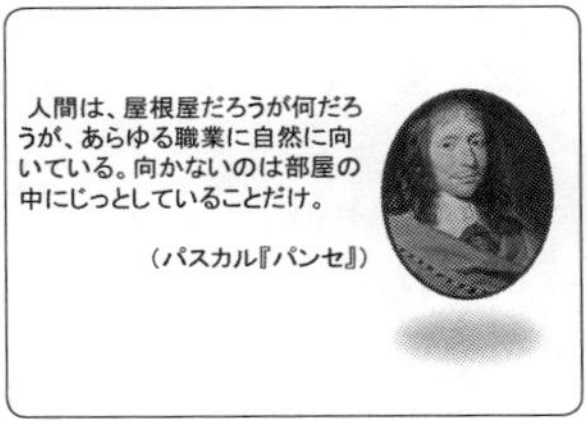

人間は、屋根屋だろうが何だろうが、あらゆる職業に自然に向いている。向かないのは部屋の中にじっとしていることだけ。
（パスカル『パンセ』）

スライド⑫

合わせるという方法です。転職するとか、新しい仕事をつくるとかして。ただ、そう簡単に転職がうまくいったり、ましてや新しい仕事で食べていくということにはならないでしょう。二つ目は気持ちのほうを合わせるという方法です。いわば今やっていることが自己実現だと思い込むのです。これもそれができれば苦労はしません。

そこで私が提案したいのは、気持ちのほうを合わせるさい、その仕事に別の意義を見出《みいだ》すという方法です。私はそれを「ハタラク」から「ジタラク」への転換と呼んでいます。ジタラクとは私の造語です。漢字で書くとこうなります。自分と他者を楽にしつつ、自分も他者も楽しむという意味です。そんなふうに働くということ自体の意味をとらえ直してみてはどうかということです。

最後に、フランスの哲学者パスカルが、『パンセ』という本のなかで書いている言葉を紹介しておきたいと思います。「人間は、屋根屋だろうが何だろうが、あらゆる職業に自然に向いている。向かないのは部屋の中にじっとしていることだけ」。結局、どんな仕事もジタラクになるのではないでしょうか。これからも苦しみながら働き続けるか、ジタラクに転換して楽しい毎日を送るかは、あなたの気持ち次第なのです。

ご清聴ありがとうございました。

第5章　TEDに学ぶ応用テクニック

最終章では応用として、世界のプレゼンを変えたTEDのテクニックをご紹介しておきます。これができれば、世界デビューも可能です。しかもビジネスや国際会議に限らず、どんなシーンでも。WEBサイトでも見ることができますし、日本ではEテレが「スーパープレゼンテーション」という番組にしていました。見たことがない人は、まずいくつか実際のものを見てからこの章を読んでいただくと、よりわかりやすいと思います。

1　世界のプレゼンを変えたTED

まずTEDのことをあまりご存じない方のために、TEDのオーガナイザーの一人であるジェレミー・ドノバンによる解説を紹介しておきたいと思います。

ＴＥＤとは、テクノロジー（Ｔ）、エンターテインメント（Ｅ）、デザイン（Ｄ）（ＴＥＤ）の三つの分野から感動や衝撃をもたらすアイデアを紹介し、広めていくことを目的とした非営利組織（ＮＰＯ）です。ＴＥＤにはさまざまな事業がありますが、なかでも広く知られているのが、会員だけが参加できるカンファレンスと、プレゼンテーション動画のインターネット無料配信です。つまり、とても閉鎖的な一面〈カンファレンス〉と開放的な一面〈インターネット〉の両方を併せもっているのです（『ＴＥＤトーク　世界最高のプレゼン術〈実践編〉』中西真雄美訳、新潮社、三四ページ）。

何も付け足すことがないのですが、一言でいうと、ＴＥＤとは新しいアイデアをプレゼンのかたちで共有し合うためのイベントだということです。私たちはそれをＷＥＢで見ることができます。

このＴＥＤが人気なのは、新しいアイデアがたくさん紹介されていることに加え、プレゼンそのものがまるでショーのように、人びとを魅了するパフォーマンスになっている点だといっていいでしょう。じつはＴＥＤのプレゼンにはある程度のフォーマットがあって、専門家が指導してくれるそうです。

もちろんプレゼンターによってさまざまな趣向を凝らすので、それらが蓄積されて、回を重ねるごとにプレゼンの技術がハイレベルなものになっていくわけです。だからＴＥＤから学ぶところがたくさんあると思うのです。

そのなかでも私がいちばんお勧めするのが、じつはウィル・スティーヴンによる「頭良さそうにプレゼンする方法」というプレゼンです。これはぜひ一度見ていただきたいのですが、とても面白い内容です。種明かしをしますと、ウィル・スティーヴンはコメディアンで、ＴＥＤの主催者側に頼まれて、ＴＥＤのプレゼンスタイルをちゃかしているのです。

ＴＥＤのプレゼンはある程度フォーマット化されていて、皆同じような感じで話すの

〈さあああなたもTEDに！〉

で、それをパロディにして、何も中身がないのに、雰囲気だけ真似ているわけです。意味ありげなグラフを見せて、でたらめな数字を読み上げたり、適当に写真を見せて感動させたりと。かけているメガネさえ、レンズの入っていない伊達メガネであることを途中でばらします。

なぜそんな変なプレゼンがお勧めなのかというと、これを見ればいかにかたちが大事かがわかるからです。プレゼンの中身はもちろん大事ですが、かたちも同じくらい大事なのです。逆にいうと、かたちさえしっかりマスターしておけば、かなりの説得力をもつということです。TEDの確立してきたかたちは、やはり説得的です。ぜひマスターしていただければと思います。

今、TEDは大学生の間にも広がっています。「TEDx」とつけて、きちんとスタイルを踏襲すれば、どこでも開けます。だから日本の大学でも開かれているのです。海外でプレゼンをしたい人もいるかもしれませんが、まずは気軽に日本で体験してみてはいかがでしょうか。

2 TEDに学ぶテクニック

それでは具体的にTEDに学ぶテクニックをご紹介していきましょう。まず、スーパープレゼンテーションのホストも務めていたMITメディアラボの所長、伊藤穰一《いとうじょういち》さんのテクニックをご紹介します。伊藤さんは、ご自身もプレゼンの名手で、TEDの常連でもあります。また、数多くのプレゼンを世界中で行われています。もちろん英語で。

その伊藤さんがご自身のテクニックについてテレビで紹介されていました。それによると、一〇〇％原稿通りできてから一～二割のアドリブを入れているそうです。たしかに、完璧に練習して暗記しても、そのまま吐き出していては逆に不自然でしょう。だからアドリブを入れる。でも、それはあくまで完璧にできるようになってからなのです。

また、伊藤さんはプレゼンのつかみとして、よく最初に全員参加のためのＶＯＴＥをされます。親指を立てたり、下に向けたりして、聴衆に賛成反対を表明してもらうのです。これでつかみはＯＫです。

さらに、話しているときも、Chapterizingといって、うまく身体の向きで話の区切りを示す技を使われています。これは動きが無駄にならなくていいと思いました。「さて」とか「一方」などといいながら、身体の向きを変えるのです。

伊藤さんが選ぶプレゼンの技ベスト3というのも前述の番組で紹介されていたのですが、これも非常に参考になります。一つ目はアメリカの法学者ローレンス・レッシグの「Self－Us－Now」という技です。つまり、「自分自身の体験－聴衆の共感－今からの行動を促す」という流れのことです。

レッシグは、アメリカの政治をテーマに話をしていました。今アメリカの政治は腐敗していると。大統領になろうと思ってもお金がないと無理だというのです。だからお金持ちしか政治家になれない。多くの人はその現実を前にして、もうあきらめてしまっています。アメリカの民主主義は終わってしまったと嘆いているのです。

そこでレッシグはこんな話をします。もし私の子どもが不治の病に侵されているといわれたらどうするか？「それは仕方ない」とあきらめることはないだろうというのです。ダメとわかっていても、最後まであらゆる手段を尽くすはずだと。おそらくそうでしょう。ならばアメリカの政治も同じだというのです。祖国は子どものようなもので、ダメだからといって見捨てるわけにはいきません。だからあきらめずに行動しましょうと呼びかけるのです。

ここでは子どもの話が自分の体験、祖国も同じだというのが聴衆の共感、だから行動しようというのが呼びかけになっています。レッシグはオバマ元大統領もこれで人びとの心をつかんだといいます。

オバマ元大統領は、最初の大統領選挙の時によくこういっていました。自分は奴隷の子孫だけど、ここまでこれたと。だから皆さんもやれるはずというわけです。それであの名台詞「Yes, we can !」と呼びかけたのです。

この「Self－Us－Now」を知ってから、私も意識して使うようにしています。これはかなり効果があって、必ず会場のボルテージが上がります。聴衆に呼びかけるプレゼンには最適のフォーマットだといえます。

二つ目は、環境学者のジョー・スミスです。スミスのプレゼンからはいくつかの大事な要素を学ぶことができるといいます。まずオーディエンス・パーティシペーションです。つまり、聴衆の巻き込み方です。アメリカではトイレで手を洗った後、備えつけのペーパータオルで手をふくことが多いのですが、スミスは、そのペーパータオルをもっと環境に配慮したかたちで使用しようと呼びかけるのです。

そのために、まず手をよく振るようにいいます。そのうえで一枚だけ紙をとり出して、それを四つに折り、折りたたんだ各面ごとにしっかりと水を吸収させればいいというのです。そうすれば、無駄なく一枚の紙を使うことができ、何枚もくしゃくしゃと丸めて捨てる無駄がなくなるということです。

これを印象づけようと、スミスは聴衆に一緒に手を振らせます。「シェイク、シェイク、シェイク」と。そして今度は「フォールド、フォールド、フォールド」といって紙を折る真似をさせます。これがオーディエンス・パーティシペーションです。

しかもボディランゲージが入っているので、より印象に残ります。さらにスミスは、自分が前で実演して見せるために、水の入った洗面器とペーパータオルをあらかじめ用意しています。その意味で、PROPS（小道具）をうまく使っているといえます。

これだけ印象が強いと、それはテイクホーム・メッセージといって、お持ち帰りできるメッセージになり得ます。会場から出たら忘れられてしまうようでは意味がありません。プレゼンの全部を覚えて帰ってもらうのは不可能でも、せめて何か強いメッセージをもって帰ってもらいたいものです。その意味で、いいお手本になるプレゼンだといえます。

三つ目は、脳機能学者のジル・ボルト・テイラーによる感情の使い方です。彼女は脳卒中にかかった経験から話を始めます。そしてなんと、それが判明したときラッキーと思ったそうです。なぜなら、脳機能学者が自分の身体を使って脳機能の回復を体験できるからです。彼女はその壮絶な体験を感情を込めて語ります。ただでさえ個人の経験というのは人を惹《ひ》きつけるのに、そのような壮絶な話を感情を込めてされたら、誰だって心を打たれます。これはどんなプレゼンにも応用できることだと思います。感情を込めることで、私たちは人の心を打つことができるのです。

最近ＡＩが進化していると聞くたびにあらためて思うのですが、感情は人間に与えられた特別な能力です。したがって、その能力をもっと生かすべきだと思います。プレゼンにももっと生かせるはずです。

それは必ずしも勇気づけられたり、涙を流すような話をするということだけでなく、大笑いしたり、怒りをかきたてたり、幸福感を覚えたりというのでもいいでしょう。大事なのは、言葉だけでこうした感情をいかにわかせるかということです。たった二〇分ほどで。それには自分が感情を高めて話すほか、聴衆を当事者の気持ちに置き換えさせるのが効果的です。

たとえば、怒りを掻《か》き立てるには、聴衆が抑圧されている人の気持ちになればいいのです。いちばん簡単なのは、「もし皆さんがこの被害者だったらどうですか?」と問いかけることです。要は聴衆の想像をかきたて、リアルなものにすることです。

次に、先ほどこの章の頭のほうで触れたTEDのオーガナイザー、ジェレミー・ドノバンがスピーチのはじめ方、つなぎ方、締め方の各々のプロセスにおいて論じているテクニックを、厳選して紹介していきます。

たとえばスピーチのはじめ方のところでドノバンは、着実に成功をもたらす手法として、ストーリーを語ることを挙げています。そのさい、ストーリーは純粋に話者自身のものでなければならないとか、ストーリーがスピーチのコアメッセージと直接関係していなければならないといったポイントが指摘されています。
前に体験を語ることの重要性に言及しましたが、まさにそういうことです。プレゼンの始めは、とにかく聴衆を惹きつけることが重要です。それにはいわゆる「つかみ」がいるのです。ストーリーはつかみとしては最適です。なぜなら、ストーリーは具体的だからです。抽象的な話は頭に入ってきませんが、具体的な話は頭に入ってきやすいのです。

そしてドノバンがいうように、その話はプレゼンター自身の体験である必要があります。そうでないとやはり抽象的になってしまうのです。極端なことをいうと、人の話は宇宙の話をするくらい抽象的なのです。この場合の具体的であるとは、今そこに立っている人間そのものであるということです。どこか別のところにあるものは、すべて抽象的なのです。知人はおろか、家族や親友が経験した話でも不十分でしょう。あなた自身の経験でないといけないのです。

そうであってはじめて、人はほかでもないあなたの話に耳を傾けます。本人が話しているのですから。知人の話なら、その知人から聴くのがベストだと誰もが思ってしまいます。そこで聴く耳が遠ざかるのです。別にこの人からこの話を聴かなくてもいいと。

ただ、いくらあなた自身の固有の経験でも、またそれがどんなに面白い話でも、プレゼンに関係がなければ無意味です。かすっているくらいでも足りません。ドノバンがいうように、プレゼンのメインテーマと直接関係していないといけないのです。

つまり、プレゼンのつかみで話すストーリーは、クライマックスの伏線でなければなりません。そして必ず後でその伏線を回収しなければならないのです。ただ聴衆の気を引くためだけに面白い話をするのでは、全体としてはいいスピーチにはなりません。そこだけ浮いてしまいますから。

これについては、私も失敗の経験があります。昔やったプレゼンで、幼少期の話から始めて聴衆を惹きつけたのはよかったのですが、その話が笑いにつながっただけで、あまり本論と関係なかったのです。次第にそれがわかると、聴衆は「あの話はなんだったんだ」という表情を浮かべ始めます。面白いストーリーであればあるほど印象に残りますし、聴衆はそれとの関連性を期待してしまうものなのです。だから注意が必要なのです。

次にドノバンは、スピーチのつなぎでこんなテクニックを使うことを勧めています。それは、つなぎの部分で前のパートのおさらいをして、さらに次のパートのテーマを予告するというものです。たとえばTEDのプレゼンは一八分なので、五分ずつくらいのいくつかのパートに分かれています。そこで前のパートで引き合いに出したストーリーや、明らかにした事実をもう一度振り返ることによって、各パートの内容を手短にまとめるのです。

ドノバンは、ナイジェリアの作家チママンダ・アディーチェのプレゼンを題材に、彼女がいかにそのテクニックをうまく使っているか紹介しています。つまり、「復習的つなぎ」では、前のパートの重要なポイントである「覚えて帰ってほしい要点」を明確に述べ、「予告的つなぎ」では、聴衆の興味を刺激するのにちょうどいい焦らしを入れて、さりげなく次の展開を予告しているというのです。

私もドノバンの話からこのテクニックを知り、試してみたことがあります。前のパートで哲学のやり方を説明したので、それをいったん公式のように整理してから（復習的つなぎ）、そのうえで、世界の意味を変えることもできるという哲学の面白さをさりげなくほのめかしつつ、その話に入っていきました。

すると、聴衆もスムーズに話の展開を理解し、私のプレゼンについてきてくれているような感じがしました。授業でもそうなのですが、ある程度のところでいったん要点をまとめ、そのうえで次の項目に進まないと、聴いているほうは頭の整理が追いつきません。何しろ初めてその話を聴くわけですから。話し手のほうは自分がわかっているだけに、グイグイと進めてしまいがちです。でも、それでは結局いいたいことが伝わらないのです。

そして、次の話に進むときも、簡単な予告をしてから話すほうが、聴く側は心の準備ができるので効果的なのです。なんの話かまったくわからず聴くのと、テーマや要点がわかったうえで聴くのとでは、理解度が大きく異なってきますから。

三つ目は、スピーチの締め方にかんするテクニックです。これはわかりやすいのですが、ドノバンは、トークの締めくくりに入ったことを言葉で明確に伝えるべきだといいます。そうすることで、聴衆の関心が一気に高まるからです。彼がお手本として挙げているのは、ヒューストン大学の社会福祉学教授ブレネー・ブラウンです。ブラウンは段階的に三つのフレーズでそれを行っているといいます。「でも、もう一つ別の方法もあるのです」、「……締めくくりといたします」、「これは私がこれまでの人生で見つけたことです」というふうに。いずれも明確であり、かつ効果的なシグナルだといえます。

ドノバンは、この締めくくりのシグナルを主に四つのパターンに分け、どのプレゼンターもその一つかあるいはこれらの組み合わせを活用しているといいます。つまり、「最終的な考え(思い)もしくは例」、「心に留めておいてほしいこと(要点)」、「行動を起こそうという呼びかけ」、「明るい未来への予感」です。

そういわれれば、私もプレゼンをするさい、無意識のうちにこうした締めくくりの言葉を選んでいるような気がします。ドノバンも書いているのですが、大事なことは熱のこもった声でこれらを伝えることと、聴衆を巻き込んだような終わり方をすることです。これは前に紹介したローレンス・レッシグの「Self－Us－Now」と同じです。政治家の演説ではないですが、情熱的に締めくくれば、必ずといっていいほど大きな拍手が起きます。

プレゼン自体のテクニックとは少し離れますが、ドノバンはＴＥＤのプレゼンターに選んでもらえるようになるには、情熱に従って生きることが大事だといっています。私もまったく同感です。

いいプレゼンをするためには、それなりに中身がなくてはいけません。その中身は、情熱的に生きていれば、自然とできてくるということです。誤解を恐れずにいうと、何を話せばいいかわからないという人は、情熱が足りないのだと思います。

何かに一生懸命になっていると、人はそのことについて誰かに話したくなるはずだと思うのです。私自身がそうです。私は今情熱的に哲学に取り組んでいます。研究もしますし、哲学カフェのような実践もしています。そうすると、必然的に哲学について話したくなってくるのです。そうして実際に哲学をテーマにした講演を頻繁にやることになります。お呼びがかかるからプレゼンしているのではなく、情熱的にやっているからお呼びがかかるのです。これからプレゼンをしたいと思っている若い人たちには、ぜひそのことを覚えておいていただきたいと思います。

付録　小川のお勧めTEDトークベスト10

①ケン・ロビンソン「学校教育は創造性を殺してしまっている」

概要　現代の教育が子どもたちの創造性を殺してしまっていることを訴えかけるもの

お勧めポイント　まず、このプレゼンはさまざまなサイトや本で高く評価されている有名なプレゼンである点です。子どもたちの創造性を殺してはいけないという素晴らしい内容のスピーチなのです。またテクニックの面でも、すごく練られているはずなのに、時にアドリブを入れて自然な感じに聴かせる場面が何度もあります。とくに、ユーモアが受けたときは、それを再度強調したりして会場を盛り上げます。私がいちばん好きなのは、さんざん笑わせておきながら、最後に真顔になって、大切なメッセージを発するところです。このギャップが感動を誘います。

URL https://www.ted.com/talks/ken_robinson_says_schools_kill_creativity?language=ja

②ジュリアン・トレジャー「人を惹きつける話し方」

概要 人を惹きつける話し方について、そのノウハウを伝えるもの

お勧めポイント これも人気のプレゼンですが、一〇分ほどと短いながら、まさに本書にぴったりのテーマを論じてくれています。いったいどうすれば人を惹きつける話し方ができるのか。トレジャーはその心構えやテクニックを標語のようなかたちでわかりやすく伝授しています。また、テクニックの面では、実際に全員を起立させて、全員参加で自分のノウハウを体験させる部分です。それを山場にもってくることで、大盛り上がりの後、最後すこし落ち着かせて締めくくります。これぞ私のいう前の長い「への字型プレゼン」のお手本です。

URL https://www.ted.com/talks/julian_treasure_how_to_speak_so_that_people_

want_to_listen?language=ja

③B・J・ミラー「人生を終えるとき本当に大切なこと」

概要 死の淵《ふち》を彷徨《さまよ》った経験のあるホスピスの医師が、尊厳に満ちた人生の終わり方について説くもの

お勧めポイント ホスピスの医師であるB・J・ミラーが、尊厳ある人生の終わり方について語っています。このプレゼンが説得力をもつのは、ミラー自身が若いころ死の淵を彷徨い、生きる意味、そして死の意味を心の底から考える経験をしているからです。感電による事故で、ミラーは手足をほぼ失います。話はそこから入るため、いやがうえにも引き込まれるのですが、それ以上に、ミラーが大事なことを話すときにつくため息が、そのつど人びとをストーリーのなかに深く引きずり込む効果をもたらしています。これはある意味でテクニックだと思います。

URL https://www.ted.com/talks/bj_miller_what_really_matters_at_the_end_of_

life/transcript?language=ja

④マイケル・サンデル「失われた民主的議論の技術」

概要 道徳的な問題から目をそむけることなく、その本質を議論することで政治的な議論を行うための良い方法を取り戻そうというもの

お勧めポイント 私がお手本にするサンデル教授によるプレゼンです。サンデル先生の本領は終始学生との対話で進行する双方向の授業でこそ発揮されるのですが、このプレゼンでもその様子が再現されています。サンデル先生は観客に問いかけ、まさにテーマさながらの道徳的議論を展開するのです。そうして徐々に核心に迫っていきます。そして最後は感動的な演説で終わる。ここにプレゼンの一つの理想的な姿があるといっていいでしょう。

URL https://www.ted.com/talks/michael_sandel_the_lost_art_of_democratic_debate/transcript?language=ja

⑤ジョシュ・カウフマン「最初の20時間——あらゆることをサクッと学ぶ方法」

概要 たった二〇時間で、まったく新しいことをある程度のレベルまでマスターする方法を伝えるというもの

お勧めポイント まずたった二〇時間で新しいことがマスターできるというコンセプトが魅力的です。このプレゼンはそれを強調するかのように、まず一般には新しいことをマスターするのに一万時間とか長い時間がかかると思われていることを滔々《とうとう》と語ります。そのうえで、じつはある程度のレベルに達するにはたった二〇時間でいいということをグラフを見せながら実証的に語ります。極めつけは、実際に自分がウクレレを二〇時間でマスターしたことを実演するところです。まさにパフォーマンスをうまく取り入れたお手本だといえます。

URL https://www.youtube.com/watch?v=5MgBikgcWnY

⑥シェーン・コイザン「『今でもまだ』――いじめに悩む美しい君たちへ」

概要　いじめられていた小太りの子が詩人になり、いじめに悩む人たちに勇気を与えるもの

お勧めポイント　もう一つ別のかたちでパフォーマンスをうまく取り入れている例を紹介しましょう。いじめられていたというコイザンが、その経験をつぶさに語りながら、ときに同情を買い、ときにユーモアで笑わせながら、次第にプレゼンを、得意な詩のようなリズムにもっていきます。音楽が鳴り始めると、まさにラップのように詩を吟じるのです。思わず真似をしたくなるような、クリエイティブでかっこいいプレゼンです。

URL　https://www.ted.com/talks/shane_koyczan_to_this_day_for_the_bullied_and_beautiful/transcript?guid=on&language=ja

⑦マリアナ・アテンシオ「なぜあなたは特別な存在なのか？」

概要　マイナス面も含めて、人それぞれちがった部分があるからこそ人は特別になれ

るというもの

お勧めポイント　たまたま男性が続きましたが、女性もたくさんプレゼンをしています。ここでそのなかでも私が勇気と元気をもらったアテンシオのパワフルなプレゼンを紹介したいと思います。彼女はベネズエラからアメリカにやってきた移民で、最初は英語も下手だったのですが、今では有名なジャーナリストとして活躍しています。そして自身の経験を踏まえ、自分が特別な存在になれるのは、マイナス面も含めて、皆それぞれ違うからだという話をします。そのことをより効果的に伝えるために、聴衆に自分の特別なところをあらかじめ書かせておくというアイデアもユニークです。

URL　https://www.ted.com/talks/mariana_atencio_what_makes_you_special?language=ja

⑧トーマス・スウォレズ「12歳のiPhoneアプリ開発者」

概要　アプリを開発した一二歳の少年が、その意義について訴えるもの

お勧めポイント 五分以内の短いプレゼンで、かつ時々手元のタブレットを見ながら話しているのですが、とても堂々としたものです。これを見れば、子どもでも練習すれば素晴らしいプレゼンができるということがわかります。テクニックというべきかどうかはわかりませんが、ジョークをいうたびに悪びれた感じで両手を広げて首をすくめるしぐさが好印象です。最後は子どもらしく未来を語って終わるという定石どおりの構成です。

URL https://www.ted.com/talks/thomas_suarez_a_12_year_old_app_developer?language=ja

⑨若宮正子「Now it is time to get your own wings」

概要 当時七九歳のおばあさんが、ゼロからパソコンを始めてアプリ開発までできるようになったというもの

お勧めポイント 日本人のしかも高齢者によるプレゼンです。とっても自然な語り口

で、年齢にかかわらずプレゼンができるという確信をもてます。全身を使いながら、とてもパワフルに話す姿に、何度も拍手が起きます。これこそ人生一〇〇年時代のプレゼンといっても過言ではないでしょう。

URL https://www.youtube.com/watch?v=3aP3IZbefkw

⑩伊藤穰一「革新的なことをしたいなら『ナウイスト』になろう」

概要 革新的なことをしたいなら、今すぐ行動する人になろうと呼びかけるもの

お勧めポイント もう一人日本人でかつ英語でプレゼンしているいいお手本を紹介します。前にも触れたＭＩＴメディアラボの所長伊藤穰一さんです。伊藤さんはとにかく印象に残るキーワードをつくり、またそれを使うのが上手です。タイトルのNowist（今すぐやる人）というのもその一つです。さらに、個人的エピソードをはじめ、常に具体的な話から抽象的な話に展開するというパターンを踏まえている点も参考になります。だからわかりやすいのです。

URL https://www.ted.com/talks/joi_ito_want_to_innovate_become_a_now_ist?language=ja

おわりに　ますます重要になってくるプレゼン

本書では、プレゼンの全貌について、私の経験を踏まえてすべてご紹介したつもりです。プレゼンとはどういうものか、理解していただけましたでしょうか。次は皆さんに実践をしていただく番です。

グローバル化が進展し、価値観が多様化すればするほど、プレゼンは今後ますます重要になっていくことと思います。そしてプレゼンが広がれば広がるほど、スキルも磨かれ、全体のレベルが上がることでしょう。

ただ、本書で強調したプレゼンの本質が変わるわけではありません。今目の前で起こっているという意味の現前性、したがってショーやパフォーマンスであるということ、さらには自分をＰＲする手段であるということはいつの時代も変わらないはずです。

どんなに新しいプレゼンツールが出てきてもそこは変わりません。むしろ新しいプレゼンのツールにはあまり頼らないほうがいいようにも思います。いつでもどこでもできるというほうが、応用がきくからです。

私は哲学という学問をやっていてつくづくそのことを感じます。よく冗談でいうのですが、いまどきWi-Fiがなくても仕事ができるのは哲学者くらいではないでしょうか。そもそもプレゼンは、言葉で人に思いを伝えることです。とするならば、自分の頭と身体さえあればできることなのです。ぜひそのことを忘れずにいていただきたいと思います。プレゼンとは、言葉と身体を与えられた人間の特権にほかならないのですから。

さて、本書を執筆するにあたっては、多くの方にお世話になりました。とりわけ本書の姉妹本にあたる『5日で学べて一生使える！ レポート・論文の教科書』に引き続き編集を担当していただいた筑摩書房の平野洋子さんには、この場をお借りしてお礼申し上げます。また、これまで私のプレゼンの授業に参加してくれた大学生、大学院生の皆さんにも感謝します。

じつは、先日卒業研究のプレゼンがあったのですが、私が指導した通り、皆完璧にパフォーマンスしてくれました。そのおかげで、外部の方からも高い評価をいただくことができました。もう一つ手前味噌ついでですが、本書を執筆中、中学生の娘が学校代表で英語のスピーチコンテストに出場することになりました。そこで本書の有効性を実証すべく、ここで書いた通りに指導しました。結果はなんと優勝。身をもって本書の有効性を示してくれた娘にも感謝したいと思います。

二〇一九年二月吉日

小川仁志

主な参考文献

アンホルト、ロバート・R・H『理系のための口頭発表術』鈴木炎、イイイン・サンディ・リー訳、講談社、二〇〇八年。

ドノバン、ジェレミー『TEDトーク　世界最高のプレゼン術【実践編】』中西真雄美訳、新潮社、二〇一五年。

デュアルテ、ナンシー『ザ・プレゼンテーション』中西真雄美訳、ダイヤモンド社、二〇一二年。

ゴットリーブ、マーク『キラー・プレゼンテーション』鈴木智草訳、日本実業出版社、二〇〇八年。

H－57『5秒でわかる!!! よのなか小事典』野崎武夫訳＋日本版編集、辰巳出版、二〇一四年。

ノイラート、オットー『ISOTYPE』永原康史監訳、牧尾晴喜訳、ビー・エヌ・エヌ新社、二〇一七年。

中野美香『大学生からのプレゼンテーション入門』ナカニシヤ出版、二〇一二年。

プレゼンテーション研究会『学生のためのプレゼンテーション・トレーニング』実教出版、二〇一五年。

酒井聡樹『これから学会発表する若者のために 第2版』共立出版、二〇一八年。

ているか確認する

□ キーワードをくりかえすようになっているか確認する
□ 接続詞に気を配っているか確認する
□ 人を惹きつける表現を使っているか確認する（美しい言葉、諺、故事成語、タイムリーなネタ、ユーモア、質問、たとえ話、エピソード、倒置法、逆説法等）
□ ポーズ（間）をとるタイミングを考える
□ 強調のための表現を確認する（言葉、動作等）
□ 圧倒するものを用意する（サプライズ、何かを諳《そら》んじる等）
□ クライマックスを用意する
□ パンチライン（オチ）を用意する

英語でやる場合のチェックリスト

□ 正しい英語で書かれたスライドを用意する
□ 正しい英語で書かれたスピーチドラフトを用意する
□ スライドとスピーチドラフトの両方ともネイティブチェックを入れる
□ 一つひとつの単語の発音を確認する
□ ジェスチャーを決める
□ 自信をもってやる（多少自信過剰気味に、胸を張って、会場を見渡す等）

- □ 全体の構成をつくる（起承山結）
- □ 仕掛けをどうするか決める
- □ ハプニング対策をしておく
- □ 本番までのスケジューリングをする
- □ 練習とリハーサルを行う
- □ 体調管理をする（睡眠、声、表情等）

本番でやることのチェックリスト

- □ 忘れ物がないか確認する（パソコン、ケーブル、コネクター、原稿、小道具等）
- □ 余裕をもって家を出る
- □ 早めに会場に着いて、よく観察する
- □ 緊張をとく（朝食べたものを思い出す、宇宙規模で考える、過去に克服したことを思い出す等）
- □ 始まりと終わりの時間を厳守する
- □ 第一声（つかみ）に集中する
- □ アイコンタクトと笑顔を忘れない
- □ 最後の一言に魂を込める
- □ Ｑ＆Ａは謙虚に対応する
- □ 終わった後のフォローを行う（感想を聞く、お礼をいう、連絡先を尋ねる等）

プレゼンの基本テクニックのチェックリスト

- □ つかみを決める（ジョーク、オーディエンス・パーティシペーション、エピソード等）
- □ アイコンタクト、表情、動き、ジェスチャーを確認する
- □ プレゼン全体は前が長い右肩上がりの「への字」になっ

プレゼンチェックリスト

本書で書いた事柄を簡単なチェックリストにしてあります。事前準備、当日の最終確認、テクニックの確認、英語でのプレゼン作成のさいに使用してください。

事前準備のチェックリスト

- □ 今回のプレゼンはフォーマルなのか、カジュアルなのか、セミフォーマルなのか確認する
- □ 話し方と服装をTPOに応じて決める
- □ 全体のストーリーをつくる
- □ ターゲットを確認する（相手が大人なのか子どもなのか、プロなのか素人なのか、日本人なのか外国人なのか等）
- □ 会場の大きさや設備を調べる（マイクがいるのかどうか、動き回れるのかどうか、パソコンは使えるか、コネクターの形状はどうか等）
- □ 何がいいたいのか決める
- □ キーワードを決める
- □ 長さを確認する（質疑応答を含めて）
- □ 何を使ってやるのか決める（パワーポイントのようなプレゼンツールを使うのか、言語はどうするか、小道具は使うか等）
- □ プレゼン本番のための原稿を用意するかどうか決める（完全な原稿を用意するのか、ポイントだけ書いたメモを用意するのか、まったく何も見ないのか）
- □ 内容（レベル）をどう設定するか決める

chikuma primer shinsho

ちくまプリマー新書325

5日《か》で学《まな》べて一生使《いっしょうつか》える！　プレゼンの教科書《きょうかしょ》

二〇一九年四月十日　初版第一刷発行

著者　小川仁志（おがわ・ひとし）

装幀　クラフト・エヴィング商會

発行者　喜入冬子

発行所　株式会社筑摩書房
東京都台東区蔵前二-五-三　〒一一一-八七五五
電話番号　〇三-五六八七-二六〇一（代表）

印刷・製本　中央精版印刷株式会社

ISBN978-4-480-68347-2 C0295 Printed in Japan